Wasser
von oben

Für Laura, die wie ich das Wasser liebt

Wasser von oben

Fotos Guido Alberto Rossi
Text Gabriele Zanetto

Aus dem Italienischen von
Ingrid Ickler und Edmund Jacoby

Gerstenberg Verlag

Inhalt

»Und die Erde war wüst und leer, und es war finster auf der Tiefe;
und der Geist Gottes schwebte auf dem Wasser.«
Genesis 1,2

Wasser im Naturzustand

Seitdem man die Welt erstmals in Bildern nachgezeichnet und in Worten beschrieben hat, diente die Darstellung ferner Länder zwei Zielen: Einerseits sollten möglichst viele Informationen zusammengetragen werden, die den Weg zu neuen Entdeckungen wiesen; andererseits sollte der eigene Ort inmitten eines Umkreises von fremden Ländern bestimmt werden – zur Selbstvergewisserung der Kultur, in der diese Darstellungen entstanden. Reisebeschreibungen und, früher noch, Schöpfungsmythen, haben die Vielfalt des geographischen Raums, der Klimazonen und der Völker festgehalten. Sie dienten als »Gebrauchsanweisungen« für weitere Reisen, für das Überleben in der Fremde und für den Erwerb von Reichtum – nämlich durch die Herstellung von Beziehungen zu anderen Orten; sie dienten aber auch der Selbstdefinition durch den Vergleich des eigenen Landes und seiner Besonderheiten mit anderen Ländern. Diese Doppelfunktion der Geographie hat sich zusammen mit der technischen Entwicklung, an deren Ende die moderne Kartographie stand, entfaltet – in der Zeit der großen europäischen Entdeckungen, während des Triumphs der systematischen wissenschaftlichen Beschreibung und Einteilung des Globus im 19. Jahrhundert und schließlich in den geographischen Informationssystemen von heute, die sich auf Informationstechnologie, moderne statistische Methoden und von Satelliten empfangene Daten stützen, aber auch auf die Erforschung der Archive und auf das Internet mit seinem immensen Bestand an Daten, die für unterschiedlichste Zwecke gesammelt wurden.

Die Erde zu bewohnen bedeutet also nicht nur, sie zu nutzen, sondern auch, sie als Heimat zu empfinden, ohne die wir nicht wir selbst wären, als Ort, in den wir zu Recht alle unsere Kräfte investieren und der durch unsere Tätigkeit geprägt ist – auf viele verschiedene Weisen, entsprechend der Vielfalt der Kulturen.

Die Darstellung unserer Erdoberfläche hat sich im Zeitalter der Globalisierung stark gewandelt und den modernen Gegebenheiten angepasst: Die Kartographie und die Statistik liefern heute präzise Informationen, die für jedermann leicht verfügbar sind; sie gehören nicht mehr zu einem strategischen Wissen, das nur dem Staat zugänglich ist. Karten hüten keine Militärgeheimnisse mehr, heute schätzt man sie eher als Wandschmuck. Sie sind genau wie viele andere früher wichtige technische Apparaturen überflüssig geworden, gewissermaßen in die Rumpelkammer der Geschichte verbannt worden von den bahnbrechenden Fortschritten der Informationstechnologie und der Weltraumforschung – auch dadurch, dass sich die Ländergrenzen fortwährend verändern.

Dennoch ist es keineswegs leichter geworden, sich in der Welt zurechtzufinden und sich in ihr heimisch zu fühlen. Alles Exotische wird heute zur Touristenattraktion, das Gefühl für Distanz ist verloren gegangen. Katastrophen, Paradiese, Grausamkeiten oder Absonderlichkeiten: alles wird auf flimmernde Fernsehbilder reduziert. Alles bleibt fragmentarisch, und selbst wenn wir für das Gesehene eine Regel, eine Interpretation finden, so wissen wir nicht, wo wir die Welt suchen sollen, für die sie gilt.

Mit Wehmut denken wir da an die Gewissheit und den Optimismus des industriellen Zeitalters zurück: an Bilder, die »Wilde« zeigen, die es zu zivilisieren gilt, üppige Naturlandschaften, die kultiviert und bevölkert werden wollen, und Ressourcen, die nur darauf zu warten scheinen, endlich erschlossen zu werden. Diese enthusiastische Epoche wird am treffendsten durch ein wunderbares Gemälde von William Turner versinnbildlicht. Es zeigt eine fauchende Dampflok mit schimmerndem Bauch und rot glühendem Kessel, die trotz widriger Bedingungen bei Regen und Dunkelheit scheinbar mühelos die Anhöhe nach Windsor bewältigt. Sie ist ein Symbol für eine Kraft, die die Grenzen der Natur (die Entfernung, das Gewicht, das Wetter …) überwunden und uns zu ganz anderen Zielen geführt hat als nur auf eine Anhöhe, auf der ein Schloss mit seinen Türmen thront: ins Weltall, in das Innerste der Materie und zu den Grundbausteinen des Lebens.

Es ist schwer, ein Symbol von gleich starker Aussagekraft zu finden, das für unsere eigene Zeit stehen kann. Eine Zeit, in der die Simultaneität regiert, in der die Welt auf ein einziges Hier und Jetzt reduziert zu sein scheint, eine Zeit, in der alle Informationen zersplittert und schnell vergessen sind, eine Zeit, die vielleicht gar das Ende der Geschichte ist, und eine Zeit, deren Bewusstsein geprägt ist von den drängenden Fragen des Umweltschutzes und der Endlichkeit der Ressourcen. Diese Welt lässt sich weder in einem Atlas noch in einer Statistik angemessen abbilden. Sie entspricht vielleicht genau dem überwältigenden Anblick, den unsere Erde den ersten Astronauten bot: eine kleine blaue Kugel mit weißen Sprenkeln – sie ist jedenfalls ganz anders, als die alten Globen mit ihren von Gebirgsketten durchzogenen Kontinenten glauben machten, die die Atmosphäre als Mantel der Erde noch nicht zu berücksichtigen wussten.

Diese in der unendlichen Dunkelheit des Weltraums einsam und verloren wirkende kleine Erde ist vielleicht das treffendste Symbol für unsere Welt, dieses in seiner Vollkommenheit und Einzigartigkeit so kostbare Haus, die Heimat von Menschlichkeit und Solidarität. Auf dieser so winzig wirkenden Kugel, deren Oberfläche aus der Ferne zu einer gleichförmigen Ebene verschwimmt, muss die Menschheit das ihr vorgegebene Schicksal bewältigen, in diesem einzigen Ökosystem des Universums zu überleben. Dieser kleine Globus im All kann also als Symbol für die Herausforderungen unserer Zeit gelten: Ökonomie und Ökologie müssen in Einklang gebracht, die Technologie zum Nutzen der Menschheit eingesetzt, Unterdrückung und Gewalttätigkeit unter den Menschen beendet werden. Wenn wir einen zeitgemäßen Atlas finden wollen, so müssen wir zwischen zwei Extremen suchen, nämlich dem des Bildes des weit entfernten blauen Planeten, das sich den Astronauten darbietet, und dem der extremen Genauigkeit, mit der die Satellitenbilder und -ortungssysteme unsere Erdoberfläche abzubilden vermögen. Diese Genauigkeit übersteigt unsere Fähigkeit, die verfügbare Datenmenge zu erfassen und zu nutzen, bei weitem (wie Jorge Luis Borges' imaginäre Weltkarte des Wissens im Maßstab 1:1 – sie ist perfekt, denn sie ist genauso groß wie die Welt, und dementsprechend vollkommen unbrauchbar). Wir müssen uns dessen bewusst sein, dass jeder Wechsel von einem geographischen Maßstab zum anderen darüber entscheidet, welche Fakten dargestellt werden können, und dies ist stets eine Entscheidung über den Sinn, den wir einer Karte geben wollen.

Dieses Buch stellt sich dieser Herausforderung, eben der unübersehbaren Fülle geographischer Darstellungsmöglichkeiten, indem es nur ein charakteristisches Merkmal unserer Erde, nämlich das Wasser, zum Thema macht und sich dabei konsequent auf einen Abbildungsmaßstab beschränkt. Das Wasser also – nicht so sehr, weil es überall auf der Erde und in mannigfacher Form vorkommt, sondern vor allem, weil die Evolution uns zu einer der Arten hat werden lassen, die am besten an den Rändern der großen Ökosysteme überleben, dort, wo diese ineinander übergehen. Menschen können zwar gut an einem Berghang leben, doch in der Nähe von Flüssen und an den Küsten sind ihre Lebensbedingungen besser. Alle Abbildungen von Flüssen, Küsten, Buchten, Stränden, Salinen und Fabriken in diesem Buch sind ebenso weit von kartographischen Darstellungen wie von Panoramafotos oder herkömmlicher Landschaftsfotografie entfernt. Die Darstellung soll frei sein von den Zwängen dieser drei Techniken. Eine Karte ist überhaupt erst nutzbar, wenn wir bei ihrer Anfertigung Verfälschungen und Einschränkungen in Kauf nehmen, die wir allzu gerne vergessen, da uns nur die Resultate wichtig sind. Auf Karten wird die Welt eine geometrische Fläche. Sie wirkt nicht nur flach, was sie nicht ist, sondern auch als Nebeneinander nur zufällig verbundener Räume. Wir erleben die Welt nur in Ausschnitten, nutzen hier unterirdische Wasserspeicher, nehmen dort die Verschmutzung der Luft und der Atmosphäre in Kauf. Uns entgeht dabei, dass die Beziehungen zwischen weit auseinander liegenden Orten oft enger sind als die zwischen nahe benachbarten.

Natürlich hat jede Karte Grenzen, Linien, die uns zu sagen scheinen: »Hier ist die Welt zu Ende.« Zwar wissen wir, dass das nicht stimmt, dennoch werden wir dadurch konditioniert. Jeder Randbereich einer Karte ist genauso viel wert wie ihr Mittelpunkt. Ob etwas Zentrum oder Rand ist, hängt von uns selbst ab, von der hierarchischen Gewichtung, die wir den Orten geben. Eine Weltkarte mit dem Pazifik statt des Atlantik in der Mitte (wie im Gegensatz zu Europa in Japan üblich) versetzt uns in Erstaunen. Eine Weltkarte aber, die eine wenig bedeutende Gegend, wie zum Beispiel Südafrika oder Sibirien, nur wegen ihres Bevölkerungsreichtums oder wegen ihrer Bodenschätze ins Zentrum rückte, würde uns regelrecht verunsichern. Karten sind statisch und unveränderbar und tun gerade so, als ob die Ordnung der Welt ein für allemal festgelegt sei. Sie kennen keine Jahreszeiten, kennen weder Tag noch Nacht, keinen Verkehr, nicht den Aufstieg und Niedergang von Regionen, Städten, Völkern und Kulturen …

Um sich wenigstens ein ungefähres Bild von Ländern und ihren Einwohnern zu machen, um das Zusammenspiel von Natur- und Kulturlandschaft zu zeigen, um die Farben der Wüsten und Wälder, der Industrie- und Ackerflächen wiederzugeben, sammelt die traditionelle Geographie Fotos und Landschaftsbeschreibungen. Diese stammen von den Stichen des 19. Jahrhunderts ab, einer Bilderwelt voller fremdartiger Trachten und Monumente, voller friedlicher, schrecklicher oder erhabener Landschaften, voller antiker Ruinen und voller Stolz auf die berühmten Taten der Entdecker.

Wir sehen also: Bilder erzählen von der Erde und ihren Bewohnern. Von einer Erde, die nicht mehr ursprünglich ist, sondern durch Menschenhand kultiviert und fruchtbar gemacht wurde. Wenngleich sie statisch sind, so verweisen die

Bilder doch auf die Dynamik und das Funktionieren der künstlichen Ökosysteme, jener Dialoge zwischen Natur und Kultur, die sich unaufhörlich wandeln, um zu überdauern, um zu wachsen und sich zu verändern und um zu neuem Leben zu erwachen. Sie sind Ausdruck des Lebens in seiner ganzen Komplexität.

Gegenstand dieses Buches sind keine »Landschaften« im herkömmlichen Sinn. Zumindest dem italienischen Verständnis nach (in der deutschen Landschaftsmalerei ist das etwas anders) ist derjenige, der eine Landschaft abbildet, ein Teil von ihr und befindet sich mit ihr auf einer Ebene. Wenn, wie uns der Kulturhistoriker Wolfgang Schivelbusch in seiner Theorie der »verflüchtigten Landschaft« versichert, das neue Konzept der Landschaft im 19. Jahrhundert mit der Erfahrung der Geschwindigkeit während der Reise in einem Eisenbahnzug entstanden ist, dann ist es heute der Anblick des blauen Globus, der uns erlaubt, von traditionellen Vorstellungen zu abstrahieren und uns ein Bild von der Erde zu machen, in dem ihre Bewohner die Darsteller eines einzigen großen Schauspiels sind. Das Auge, das sie betrachtet, teilt mit ihnen jedoch nicht mehr ihre unmittelbare Erfahrung vor Ort.

Dies Buch ist so etwas wie ein aus Bildern der verschiedensten Landschaften zusammengesetzter Atlas, der die Welt mit eben diesem Blick von außen aufnimmt. Dieser Blick gleicht dem eines Reisenden, der sieht, erkennt und ahnt, den etwas berührt oder kaltlässt, der sich verzaubern lässt oder abgestoßen fühlt, der jedoch zu sehen und zu unterscheiden weiß: denn die Eindrücke sind neu für ihn, fremd, nicht von der Gewohnheit abgenutzt. Die Bilder, die er sieht, verbinden sich untrennbar mit seinem eigenen Leben und Erleben und gehen in das Bild ein, das er sich von sich selbst macht, spiegeln ihn selbst wider. Durch die Differenz zwischen den eigenen Erfahrungen und dem Unbekannten wird jede Reise für den Reisenden zum Gewinn. Er lernt die bunte Vielfalt der Welt kennen, erhält Anregungen für seine verantwortungsvolle Rolle als aktiver und vorausschauender Bürger und befreit sich von ererbten Zwängen. Auch wir wollen durch den Blick von außen auf die Welt (ein Erbe der aus der Vogelperspektive gezeichneten Veduten der Renaissance) eine liebevolle und doch unabhängige Vorstellung vom Leben der Menschen gewinnen

Der großartige Blick von oben, der das Grundprinzip der geographischen Darstellungen dieses Buches ist, trägt uns hoch über die wiedergegebenen Orte hinaus, aber nicht so weit, dass wir in ihnen nicht mehr das Werk von Menschen erkennen könnten. Voller Sympathie nehmen wir Anteil am Leben unseresgleichen, lernen deren Erfahrungswelten besser verstehen, als Teile einer einzigen Welt, und ihr Leben als Teil einer einzigen Geschichte, der der Menschheit, begreifen.

Auf jedes geographische Bild lässt sich die Grundregel der Kommunikation anwenden, die Umberto Eco in seiner Semiotik aufzeigt: Jedes Zeichen ist eine Einladung zur Entwicklung einer komplexen Vorstellung und macht den Leser oder Betrachter zum Teilnehmer an einem vielfältigen kreativen Prozess. Ein Bild zu machen setzt die Fähigkeit (und die Bereitschaft) voraus, Formen und Zeichen zu erkennen und ihnen in einem weiteren Schritt Bedeutungen zuzuweisen. Dies ist ein ziemlich gewagtes Unterfangen, wenn Bilder den Anspruch erheben, das Abenteuer des menschlichen Lebens in der Natur mit unverstelltem Blick wiederzugeben. Dieses Abenteuer soll hier nicht unter historischen Gesichtspunkten beschrieben werden, sondern in Kapiteln, die danach gegliedert sind, in welchem Maß die Menschen jeweils in die Ökosysteme, die sie beherbergen, eingegriffen haben. Stets haben die Menschen ihre Vorstellungen, ihre Ideen und ihren Ehrgeiz auf ihre Umwelt projiziert und sie entsprechend gestaltet oder wiederhergestellt, vereinfacht und wieder komplizierter gemacht.

Im Auftaktkapitel dieses Buches wird die Natur vorgestellt, wie die sich ihrer selbst und ihrer Verantwortung bewusst gewordene Menschheit sie »vorfindet«, nachdem sie ihren eigenen Naturzustand hinter sich gelassen hat – so wie Adam und Eva einst den Garten Eden hinter sich ließen, als sie gelernt hatten, zwischen Gut und Böse zu unterscheiden und ihr Schicksal selbst zu bestimmen, und als sie auszogen, andere, neue Welten zu entdecken und Geschichte und Geographie zu erfinden. Dieses Kapitel von der ursprünglichen Natur, in die der Mensch noch nicht eingegriffen hat, wenn sie nicht sogar völlig menschenleer ist, stellt gleichsam ein Album der Möglichkeiten dar, die die Natur für die menschliche Phantasie und Tatkraft bereithält. Eine Vielzahl der Phänomene in der ursprünglichen Natur ist den meisten Menschen bis heute unerklärlich; sie bilden aber doch Buchstaben eines Alphabets, sind Elemente einer vielleicht versteckten, aber doch allem zugrundeliegenden Ordnung.

Ein Peripatetiker auf der Insel Rhodos unterrichtete seine Schüler einst während eines Spaziergangs am Strand, erzählt Clarence J. Glacken in seinem Buch *Traces On the Shore,* das die Geschichte der Beziehung zwischen Natur und Kultur zum Thema hat und nach dieser Episode benannt ist. Dabei stieß der Philosoph auf Zeichen, die in den feuchten Sand geritzt waren. Da sie durch ihre regelmäßigen Formen als gleichseitiges Dreieck, Kreis oder das Segment einer Geraden erkennbar waren, erklärte er sie seinen Schülern als unzweifelhaften Ausdruck menschlichen Handelns, als materielle Spur einer Idee oder einer Theorie. Die Ordnung der Kapitel dieses Buches folgt diesen Spuren: dem Grad der Intensität menschlicher Eingriffe in die Natur, der fortschreitenden Umgestaltung von Landschaften durch menschliche Arbeit, in der sich die Fähigkeit der Menschen ausdrückt, eine Welt zu planen, die ihnen ähnlich ist und in der sie bequem leben können.

Der Maßstab der Abbildungen in diesem Band, und das war die wichtigste Entscheidung, ist jedoch weder der von Menschen errichteter Anlagen noch der der Pläne dafür. Es ist der Maßstab von »Landschaftsbildern aus der Luft«, in denen die Spuren menschlichen Wirkens in ihrer niemals geplanten und selten sichtbar gewordenen Komplexität betrachtet werden können. Die von den Menschen mitgestaltete Landschaft ist das Ergebnis zahlloser einzelner Planungen und ihrer Umsetzung. Diese beziehen sich aufeinander, bauen aufeinander auf und stehen in einem fortwährenden Dialog mit den Kräften der Natur; denn immer sind die Menschen auf der Suche nach einem stabilen Gleichgewicht mit der Natur und damit nach Möglichkeiten, zu überleben, entweder durch Gewalt, Zähigkeit und Härte oder aber durch kluges, ausweichendes Handeln. Dadurch ist die von Menschenhand gestaltete Natur den Strukturen der »vorgefundenen« unberührten Natur viel ähnlicher, als wir oft denken. Und das zeigt uns, dass die Menschheit viel tiefer und umfassender in die Mechanismen der Natur (zu der sie schließlich selbst gehört) integriert ist, als es uns die Gigantomanie der Industriegesellschaft und die Ideologie des Positivismus glauben machen wollten.

Von dieser Erkenntnis leitet sich die Vision einer selbstbewussten schöpferischen Menschheit her, die sich als Teil der Natur begreift und zugleich als ihre höchste Entwicklungsstufe. Ganz im Sinne der Philosophie Pierre Teilhard de Chardins, der den sich seiner selbst bewusst werdenden Menschen als Höhepunkt der Evolution beschreibt. Obwohl die Menschheit unbestreitbar ein integraler Teil der Natur bleibt und dem Spiel der Naturgewalten stets unterworfen sein wird, neigen wir allzu oft dazu, uns als unabhängig zu betrachten von den großartig funktionierenden Ökosystemen und ihren Mechanismen der Selbstregulierung. Der von uns erdachte und realisierte künstliche Teil unserer Umwelt mag unseren Regeln vielleicht besser gehorchen, aber die übrige Natur ist für uns ebenso lebenswichtig, und sie funktioniert völlig unabhängig von uns, ist weder immer kontrollierbar noch berechenbar.

Die Bilder dieses Atlas erzählen uns von Orten, die immer gründlicher von Menschen erschlossen wurden, sie zeigen aber auch, dass wir Erdenbewohner gezwungen sind, auf kluge Weise die Natur nachzuahmen, statt uns sinnlos gegen sie aufzubäumen. Das ist es, was uns diese Bilder lehren, auf denen das von Menschen Geschaffene wie von Zauberhand und nicht aufgrund menschlicher Entscheidungen Formen annimmt, die denen der Natur sehr ähnlich sind. Diese organischen Formen können uns dazu anregen, unsere Projekte der Naturgestaltung auf der Grundlage unseres gesamten Wissens über die Natur neu zu denken; denn dieses Wissen hat uns ansatzweise bereits dazu gebracht, zu begreifen, auf welch subtile Weise das Verständnis der Welt als eines komplizierten Netzes wechselseitiger Abhängigkeiten mit unserer Fähigkeit zusammenhängt, uns anzupassen und dadurch zu überleben. So können wir auch der Angst davor begegnen, demnächst in einer Welt zu leben, in der alles so menschlich, weil von Menschen gemacht ist, dass wir uns selbst nicht mehr von dieser Welt unterscheiden können und unsere Fähigkeit verlieren, zu verstehen, wer wir sind und welchen Sinn unser Leben hat.

»Wenn alles menschlich ist, was ist dann ein Mensch?«, so lautet – in der Formulierung des Literaturkritikers Fredric Jameson – der Aufschrei einer Kultur, die sich gern postmodern nennt. Dieser Aufschrei hallt in diesen Bildern nach und zeigt uns, wie tief die Kluft zwischen den technischen Fähigkeiten unserer »postmodernen« Kultur und unserem Bewusstsein von uns selbst noch ist und wie viele unserer Projekte noch darauf warten, im Lichte der Verantwortung, die wir tragen, neu betrachtet zu werden.

Stockholmer Erklärung 2002

Sofortige Maßnahmen zur Sicherung der Wasserversorgung dringend erforderlich

Empfehlungen des Stockholmer Wassersymposiums 1998–2002

Wasser ist keine unerschöpfliche Ressource

Zwischen der Ressource Wasser, der Eindämmung der Armut, der Sicherung der Nahrungsmittelversorgung, dem Schutz der Umwelt und der sozioökonomischen Entwicklung besteht ein enger Zusammenhang. In einer Zeit, in der die sich beständig verschlechternde Wasserqualität bereits die sozioökonomische Entwicklung und die Existenzsicherung bedroht, ist es geradezu kriminell, Wasser als allgegenwärtige und unerschöpfliche Ressource zu behandeln. Durch seine Mobilität ist Wasser ein Bindeglied zwischen vielen gesellschaftlichen Bereichen, der Bodennutzung und der Leistungsfähigkeit des Ökosystems. Nur wenn wir dem Wasser als unverzichtbarer Ressource für die soziale und wirtschaftliche Entwicklung einen angemessenen Stellenwert einräumen und einen ganzheitlichen Ansatz wählen, der sowohl den Bedürfnissen der Gesellschaft als auch denen der Ökosysteme Rechnung trägt, werden wir die Wasserprobleme lösen können.

Handlungsgrundsätze

Für alle Regierungen, die zwischenstaatlichen und nichtstaatlichen Organisationen, die sonstigen Entscheidungsträger sowie für den Verbraucher ist es ein dringliches Ziel, der kommenden Generation eine möglichst große Sicherheit der Wasserversorgung im weitesten Sinne zu gewährleisten. Dieses Ziel soll auf der Basis der folgenden vier Grundsätze erreicht werden.

»Der Seelen Tod ist Wasser zu werden, Wassers Tod Erde zu werden; aus Erde aber gewinnt Wasser Leben und aus Wasser die Seele.«
Heraklit, Fragment 53

Mit dem Wasser leben, ohne es zu beherrschen

Selten stimmen die Art der Darstellung und das Dargestellte so eng miteinander überein, wie es beim Wasser der Fall ist. Und zwar nicht so sehr wegen seiner Eigenschaften, sondern weil es ist, was es ist. Wir stellen uns Wasser als etwas Flüssiges, aber auch Festes oder Gasförmiges vor, und genau das ist das Wesen des Wassers: Es ist flüchtig und flüssig, vielgestaltig und veränderlich, fest und doch überaus fein, beständig und doch flüchtig, und es behandelt uns mütterlich und stiefmütterlich zugleich. Wasser (oder die Idee »Wasser«) lässt sich weder durch seine überbordende Allgegenwart noch durch seine dauernde Abwesenheit bestimmen. Einst, in den ältesten Vorstellungen von der Welt, erschien es offenbar am einfachsten, Wasser über seine Abwesenheit, also ex negativo, zu begreifen oder zu definieren. So ist die Vorstellung von »Wüste« durch das Nicht-Vorhandensein von Wasser, also durch den Gegensatz zu ihm bestimmt (der Name der jemenitischen Wüste Rub al-Khali zum Beispiel verweist auf die Vorstellung des Nichts, der Leere). Dadurch wird Wasser zu etwas Seiendem und Lebendigem. Thomas Morus übrigens hat in seinem fiktiven Reisebericht *Utopia*, dieser wahnwitzigen und zugleich hellsichtigen Beschreibung einer Gesellschaft, in der alle bestehenden Verhältnisse auf dem Kopf stehen, die Stadt Abraxa erfunden, eine Stadt, in der es nicht regnet. Sie liegt am Fluss Anydrus, einem Fluss ohne Wasser. Im taoistischen Denken besitzt Wasser die Konnotation »weich« oder »schwach«, eine Qualität, in der seine wahre Stärke liegt: Das Wasser versucht nicht, ein Hindernis zu überwinden, sondern umgeht es. In einem vedischen Text, einer der heiligen Schriften des Hinduismus, ist im selben Sinne zu lesen: »Alle Wasser sind unsere Mütter. Sie wollen an den Opfern teilnehmen. Sie fließen zu uns und geben uns ihre Milch. Dank seiner nachgiebigen Natur gibt es für das Wasser keine Hindernisse. Nichts außer dem Wasser vermag die Erde fruchtbar zu machen; nichts außer ihm vermag den Himmel festzubannen und in seinem Spiegel zu reflektieren, Wasser begräbt das Feuer. Nichts, außer Wasser, vermag in den Augen der Menschen zu ruhen; das Wasser ist das wahre Auge der Welt.«

Wasser an sich gibt es nicht. Es existiert immer nur in einer bestimmten Form, als eine »Art« Wasser: Es ist Fluss, See, Meer oder Regen. Das Symbol »Wasser« wird damit erfahrbar, seine Sprache zerfällt in leichter verständliche Dialekte. Der Fluss in seinem beständigen Fließen ist vielleicht das mächtigste Bild für das Leben. Das lateinische Wort für Fluss, *rivus* (italienisch und spanisch *rio*), ist verwandt mit dem Sanskritwort *ru-men* für die Mutterbrust, von der die Milch fließt, aber auch mit dem griechischen *rhy-thmos,* unserem Rhythmus, das heißt einer gleichmäßigen harmonischen Bewegung. So verwundert es nicht, dass der Fluss – eigentlich ein Element des Raumes – durch seine Bewegung zu einem archetypischen Begriff der Zeit wird (man denke nur an den »Fluss des Lebens«). Die Zeit wird dadurch als Kunstgriff eingeführt, um zu erklären, dass ein Ort nie sich selbst gleicht, sondern permanenter Veränderung unterliegt.

Das Bild vom »aquatischen« oder »amniotischen« Menschen, dem Menschen, der aus dem Wasser, genauer gesagt, aus dem Fruchtwasser, kommt, hat eine recht klare metaphysische Bedeutung. Dieser Mensch schwimmt in einem Strom von Naturereignissen, die er nicht zu strukturieren vermag und von denen er deshalb vollkommen abhängig ist. Er gleicht einer nur wenig abgekühlten Scholle in einem Strom von glühendem Magma, er ist nur die Andeutung der Gestalt, die er einmal annehmen wird, und er ist in seinem unsicheren, lebendigen Werden noch zu schwach und zu klein, um nicht wieder mit dem Flüssigen zu verschmelzen, aus dem er kommt. Das Auge des außenstehenden Betrachters kann nicht umhin, eine gewisse Zärtlichkeit beim Anblick der fragilen Strukturen zu empfinden, in denen der »aquatische« Mensch lebt. Sie treten uns in den Luftaufnahmen von Fischfang, Fischzucht und Behausungen am Wasser entgegen. Sie verlieren sich und versinken in einem flüssigen Kosmos von unbekanntem Ausmaß. Hier findet sich der Mensch in dem ihm ursprünglich von der Evolution zugewiesenen Größenverhältnis wieder, als ein zufälliges Pünktchen, das wie ein Embryo im Fruchtwasser von einem Chaos noch ungestalteter Materie umgeben ist, wortwörtlich vom Fluss des Lebens. Seine fragile Struktur stellt ihn auf eine Stufe mit der »Materie«, dem »Mutterstoff«, den wir gemeinhin als »Natur« bezeichnen. Der Mensch ist hier etwas »Biologisches«, sogar »biologisch Abbaubares«; seine Welt aber ist ein Kreis, in dem immer neue Widrigkeiten auftauchen. Die Beziehung von Mensch und Wasser kann sich nicht in bloßer Kontemplation erschöpfen, kann nicht nur eine Mischung aus staunender Bewunderung und bloßer Aufzählung von Eigenschaften sein (die gewissermaßen ein Verzeichnis von Möglichkeiten zur Ausbeutung des Wassers darstellt, die das Überleben erleichtern), so wie es bei Plinius dem Älteren in seiner *Naturalis historia* anklingt:

»Es folgen nun die Wohltaten der Wasser in der Arzneikunst, da die Werkmeisterin der Dinge, die Natur, auch hierin nicht saumselig ist, sondern ihre unermüdlichen Kräfte auch in Wassern und Wellen und abwechselnden Fluten ausübt; ihre Macht ist, wenn wir die Wahrheit gestehen wollen, nirgends größer. Denn dieses Element befiehlt allen anderen. Das Wasser verschlingt die Erde, tötet das Feuer, steigt in die Höhe, behauptet für sich die Gegenden des Himmels und spannt jene Wolken auf, durch die dem Menschen der Geist erstickt wird. Da selbst die Welt noch mit sich uneins ist, welche Ursache den Blitzstrahl aussprenge. Was kann wunderbarer sein, als dass Wasser am Himmel stehen? Doch diese achten es gleichsam für allzu wenig, in solche Höhe hinaufzusteigen, sie entführen auch ganze Schwärme von Fischen mit dahin. Oft heben sie auch Gesteine mit sich in die Höhe und tragen fremde Lasten. Wenn sie nun wieder niederfallen, werden sie die Ursache all dessen, was aus der Erde wächst, welche Natur, wenn ihr jemand nachdenken will, höchst wunderbar ist, dass Wasser zum Himmel geht, damit Feldfrüchte erzeugt werden, dass Bäume und Sträuche leben, ja dass jenes selbst eine Lebenskraft für die Pflanzen von dort herabbringe: zu einem klaren Geständnis, dass auch alle Kräfte der Erden eine Wohltat des Wassers sind. Deswegen wollen wir vor allem Beispiele von dessen Macht mitteilen. Welcher Sterbliche aber könnte wohl alle aufzählen?«

Doch, wenn die gewählte Metapher passt, ist der Mensch (ein bestimmter Mensch oder die Menschheit in einer Phase ihrer Geschichte, ganz wie man will) nicht nur von der physischen Realität des Wassers umgeben oder Teil eines archetypischen Lebensflusses. Gewiss, er »versinkt« ganz wörtlich auch in einem Fließen, das sich in der Dimension der Zeit abspielt: der immer wiederkehrenden Abfolge von Monsunregen, Gezeiten oder Hochwassern. Diese oszillierenden Wetterbewegungen sind in ihrer Regelmäßigkeit (eben ihrem *rhy-thmos*) einerseits beruhigend; andererseits stehen sie für Gewalt und Zerstörung, nämlich wenn sie zur »Natur«-Katastrophe werden. Diese stellt sich häufig als Diskontinuität in Raum und Zeit dar, als Verzerrung des räumlichen Gefüges und als Epochenbruch. Man denke nur an den Mythos der Sintflut, den es in nahezu vierhundert Kulturen gibt. Die Mythologie der Maya zum Beispiel kennt drei Fluten, um vier Weltepochen zu unterscheiden, in denen vier verschiedene Menschengeschlechter leben. Vor dem Hintergrund solcher Naturkatastrophen konnte die Beziehung des Menschen zum Wasser nur die des Wahrsagers sein, der nach einem den Naturgewalten innewohnenden »Gesetz« sucht, nach der Erkenntnis eines göttlichen Musters, das es erlaubt, Vorhersagen zu treffen, Garantien zu erhalten und Sicherheit zu finden. Dabei erschien es wohl unerlässlich, einen Dritten, einen Vermittler zwischen Mensch und Natur zu erschaffen, der selbst schöpferisch »ausgegossen« ist im Element Wasser, das zusammen mit Erde, Luft und Feuer die Grundlage aller Kosmologien und Kosmogonien bildet, nicht nur der pythagoreischen Elementenlehre.

Dies ist die Zeit des Mythos: Wasser wird in »Libationen« (Trankopfern) und »Ablutionen« (liturgischen Reinigungshandlungen) zum Symbol. Jede Quelle (Symbol der Ursache, des Ursprungs und Anfangs aller Dinge) wird »heilig« und ist an eine Gottheit gebunden oder ihr geweiht. Das reine Wasser der Quelle steht für »Läuterung«. In der christlichen Tradition ist die Taufe diese Läuterung; das unendliche Sprudeln der Taufquelle ermöglicht die Wiedergeburt zu einem neuen Leben, lässt alles neu erstehen. Umgekehrt bedeutet jede Flussmündung die Rückkehr zum Meer, zu den Ursprüngen, bedeutet das Sich-Verlieren im Ganzen, das uns zu einem Nichts macht. Das Münden im Meer wird zur Metapher für den Tod. Heiße Quellen wiederum sind der Ort des Ursprungs, an dem alles seinen Anfang hat und Form annimmt. Hier vereinen sich die vier Elemente: Das Feuer der Erde erhitzt das Wasser, das in Dampfwolken zum Himmel aufsteigt. Wohl kein anderer Ort im Kosmos vermag ein solch komplexes Schauspiel zu bieten.

Orte und Zeiten werden geheiligt. Und das Wasser (gleichzeitig als Ort und Zeit) ist der Protagonist in diesem Prozess, der noch heute im Grunde vom Animismus geprägt ist, auch wenn er sich im Rahmen eines anderen Prozesses vollzieht: in der räumlichen Abtrennung der heiligen Orte von der übrigen Natur. Der Fluss wird zum Gefäß, zum Becken, zum Tropfen im Inneren eines geweihten Gebäudes, eines von Menschen geschaffenen Raums. Der Jordan zum Beispiel verwandelt sich im jüdischen Ritus in das Bad in der Mikwe, eines mit lebendigem Wasser (das heißt nicht stehendem Wasser, in der Regel Grundwasser) gefüllten Beckens, in das man nackt eintauchen muss, um sich von allen Sünden rein zu waschen. Im christlichen Ritus wiederum wird der Jordan zum Taufbecken, über dem das Neugeborene von der Erbsünde gereinigt und zum Glied der Christengemeinschaft wird. Aber auch ein Bad im Ganges, dem himmlischen

Fluss, der bereits in der biblischen Schöpfungsgeschichte als einer der vier Flüsse genannt wird, die im Garten Eden entspringen, und der, wie es heißt, aus dem Haar des Gottes Shiva herabtropft, verheißt Läuterung: So können während des hinduistischen Festes Kumbh-Mela selbst die schlimmsten Sünden, die ein Mensch begehen kann, im Wasser der Reinigung *(Ganga namaskara)* abgewaschen werden.

Die in diesem Kapitel vorgestellten Bilder wollen die Aufmerksamkeit des Betrachters darauf lenken, dass die Menschheit schon seit den ältesten Zeiten sowohl auf der Ebene der Natur wie auf der der Kultur stets eng mit dem Wasser verbunden war und dass diese Verbindung sich bis in unsere Tage immer weiter entwickelt hat. Eine bloß philologische, das heißt ikonographische, oder eine bloß entwicklungsgeschichtliche Interpretation der Bilder im Sinne einer »Naturgeschichte« griffe jedoch zu kurz, wenn sie diese Entwicklung nur als schlichte zeitliche Abfolge darstellte statt als allmählichen Strukturwandel, in dem immer auch Elemente der vorangegangenen Epochen und Zyklen übernommen und bewahrt werden. Diese aus verschiedenen Epochen stammenden Elemente schließen einander überhaupt nicht aus, weder vom geographischen Gesichtspunkt – denn alle Phasen der Beziehung Mensch – Wasser sind heute in den verschiedenen Kulturen der Erde zu beobachten – noch vom kulturgeschichtlichen Gesichtspunkt, denn jedes Individuum hat seine eigene aus verschiedenen Überlieferungen stammende Art und Weise, mit Wasser umzugehen. Die Erforschung aller Dimensionen des Wassers ist deshalb eine aufregende Expedition durch Raum und Zeit, ein Ausflug mit einer überhaupt nicht fiktiven Zeitmaschine durch die Urlandschaften unserer Erde.

Anders ausgedrückt: Die Erforschung der Mensch-Wasser-Beziehung bricht auch in die Sphäre des Individuums ein, nämlich indem sie sich in die nicht gerade konfliktarme Dialektik des Ichs und des als das Andere empfundenen Natur einmischt (nach Kant ist dies der Konflikt zwischen *natura formaliter spectata* und *natura materialiter spectata*, zwischen der Betrachtung der Natur in den Formen unseres Denkens und der Erfahrung der Natur als etwas von uns Unabhängigen). In unserer hypothetischen »aquatischen« Zeitreise ist dieser Gegensatz jedoch nur die erste Station. Sie steht für die Zeit des Mythos als einer Ursprungszeit, die so etwas wie der Sockel ist, auf dem die menschliche Kultur aufbaut. Damit ist nicht nur das Erbe an Bräuchen gemeint, das oft zu bloßer Folklore geworden ist, manchmal aber noch echte Sühneriten umfasst, wie die christlichen Bittgänge und Wallfahrten. Gemeint sind auch jene archaischen Formen unterschwelliger Beeinflussung, deren sich in unserer konsumorientierten Gesellschaft die Schamanen der Werbewirtschaft bedienen und die uns dazu bewegen, in Thermalbäder zu gehen oder Heilwasser zu trinken, um gesünder, schöner und jünger zu werden.

Unser nächster Schritt führt uns unweigerlich zum Ende des Mythos, zum Verlust des Heiligen und damit zur »Materialisierung« des Wassers, das heißt zu einem materialistischen Umgang mit ihm, der darauf zielt, es zu kontrollieren und zu beherrschen.

Grundsatz 1

Mehr Mitspracherecht der Wassernutzer beim Wassermanagement

Eine schlüssige Politik aller gesellschaftlichen Gruppen und der Verwaltungs-/Raumplanungsträger ist Voraussetzung für einen gezielten und die Eigeninitiative fördernden Umgang mit der Ressource Wasser. Nur wenn politische und planerische Vorgaben gesellschaftlich akzeptiert werden und sich in die jeweiligen Gegebenheiten integrieren lassen, sind sie auch sinnvoll. Allerdings kann das Verhältnis von Politik, sozialer Akzeptanz und Integration nicht statisch sein, denn Umwelt, Wissensstand, demographische Entwicklung, gesellschaftliche Ansprüche und Wertesysteme sind permanenten Veränderungen unterworfen. In Wahrheit sind deshalb die Wassernutzer die eigentlichen »Herrscher« über das Wasser. Als Wassermanager jedoch müssen sie stets über den aktuellen Stand der Forschung informiert sein und sich aktiv an der Suche nach Innovationen beteiligen. Voraussetzung für den Erfolg dieses Vorhabens sind natürlich Erziehung und gute Ausbildung. Besonders wichtig ist ein ständiger Dialog der politischen Entscheidungsträger mit den Nutzern, dessen Ergebnisse in die Politik einfließen müssen. Regierungen sollten hierzu einen möglichst effizienten Weg wählen und ihr Handeln nicht nur an Vorschriften, sondern auch an Dialog und Konsensbildung orientieren, um die gesellschaftliche Akzeptanz zu sichern. Aus Plänen und Vorhaben müssen effiziente Anreize, konkrete Maßnahmen und Sanktionen werden, die menschliches Handeln in die gewünschte Richtung lenken und von den gefährlichen Wegen abbringen, die heute so oft beschritten werden. Die Wasserfrage ist von Anfang an untrennbar mit politischen und gesellschaftlichen Prozessen verbunden. Um den Herausforderungen der Millennium Goals, also der von den Vereinten Nationen definierten Entwicklungsziele, zu begegnen, reicht das heute politisch Machbare nicht aus.

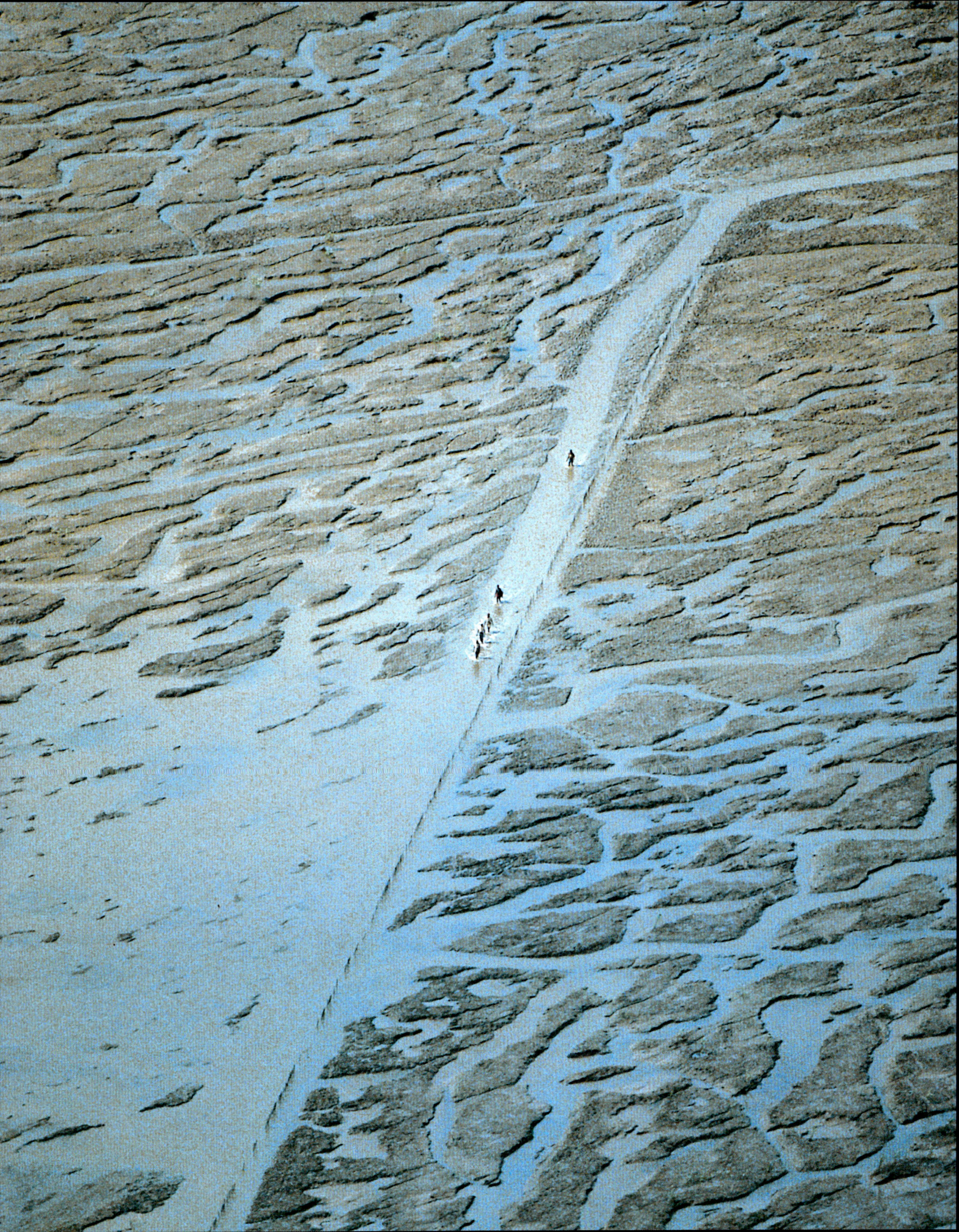

»In der Schöpfung der Himmel und der Erde und im Wechsel von Nacht und Tag und in den Schiffen, die das Meer befahren mit dem, was den Menschen nützt, und in dem Wasser, das Allah niedersendet vom Himmel, womit Er die Erde belebt nach ihrem Tode und darauf verstreut allerlei Getier, und im Wechsel der Winde und der Wolken, die dienen müssen zwischen Himmel und Erde, sind fürwahr Zeichen für solche, die verstehen.«

Koran, Sure 2, Al-Baqara

Wasser, Leben und Arbeit

Kommen wir zum zweiten Zyklus der Beziehung zwischen Mensch und Wasser. (»Zyklus« passt besser als »Zeitalter«, denn dies ist ein Begriff, der zu sehr mit »Erde« verbunden ist, als dass man ihn in einem »flüssigen« Kontext verwenden könnte: Man denkt dabei an die »Erd«-Zeitalter, die oft als schrittweiser Sieg der Erde über das Wasser gedeutet worden sind.) Dieser nächste Zyklus ist dadurch gekennzeichnet, dass das Wasser seinen göttlichen Charakter verliert. Seine Nutzbarmachung und »Domestikation« (das ist wörtlich zu nehmen angesichts von Wasserleitungen, die bis ins Haus führen) kann man auch als fortschreitende Säkularisierung der Beziehung des Menschen zum Wasser begreifen. Wasser wird aufgefangen, gelenkt, geleitet, transportiert – in anderen Worten: verdinglicht. Von einem bestimmten Zeitpunkt an wird das Wasser sogar neu »erfunden«. Das heißt, es werden neue Gewässer konstruiert: Wasser fließt in der Kanalisation und in Aquädukten, und ganze Landstriche werden trockengelegt. Die Synthese von Wasser und Erde ist für die Agrargesellschaft, die sich aus der Jäger- und Sammlergesellschaft entwickelt, grundlegend.

Die Existenz dieser Gesellschaft fußt auf der Erschließung der Landschaft durch beständige Arbeit – man könnte auch die Wortneuprägung »Zersiedelung« benutzen, die zwar hässlich ist, aber gut unsere Empfindungen bei der Betrachtung der Luftaufnahmen von Wasserlandschaften in diesem Kapitel ausdrückt. Es sind dies Landschaften, die *gegen* die natürliche Ordnung der Dinge entstehen. Dabei tritt der Mensch als Demiurg, als Schöpfer, auf. Dies setzt aber eigentlich nicht nur den großen Plan eines großen Gestalters voraus, sondern impliziert auch, dass das Geschaffene wieder – wie der Golem, der künstliche Mensch – sterben muss. Atemlos arbeitet die Menschheit jedoch immer weiter an ihren Schöpfungen, um ein prekäres Gleichgewicht aufrechtzuerhalten (oder ein tödliches Ungleichgewicht herbeizuführen, je nach unserer Einstellung). Zwischen Landschaft und menschlichem Geist entwickelt sich eine Beziehung, die nur einseitig sein kann und sich in Belehrungen und Ermahnungen, manchmal sogar in Poesie ausdrückt. Ein Volk kann ein ganzes Land zum Kunstwerk machen. Mit Kant könnte man sagen, der Mensch verändert und »verbessert« die Natur, indem er eine zweite Natur nach seinem Bilde schafft. Uns bleibt nur, diesen Prozess wieder umzukehren, und das heißt zunächst einmal, die DNA, die eine Gesellschaft einer Landschaft als ihren Überlebenscode eingeprägt hat, und damit auch die DNA dieser Gesellschaft lesen zu lernen. Diese Lektüre löst eine ganze Reihe unterschiedlicher Empfindungen aus, vom Mitleid bis zur Verwünschung, niemals aber darf sie zur Gleichgültigkeit führen – es sei denn, wir wollten jedes Gefühl für den Raum verlieren und im Strudel der Zeit untergehen.

Die Sprache ist die Form, in der wir unsere schöpferische Aufgabe am besten zu artikulieren vermögen. Andererseits aber ist der »Diskurs« (im weitesten Sinne des Wortes und im Sinn der modernen Diskurstheorie) auch eine der raffiniertesten Formen der Kontrolle über Natur und Gesellschaft, die die Menschheit im Verlauf ihrer kurzen, aber ereignisreichen Geschichte entwickelt hat.

Der Diskurs ist darauf angelegt, das unbestimmte Ganze in kleinere, bestimmbare Teile aufzulösen. Diese können dann zwar wieder zu einem – neuen – Ganzen zusammengeführt werden, jedoch nur im Verlauf kunstvoller Prozesse von sprachlicher Konstruktion und Dekonstruktion, die durch linguistische Normen und geschichtlich vorgegebene logische und formale Regeln kanalisiert sind. So ist Wasser in seiner ursprünglichen Bedeutung eine »Totalität von virtuellen Wirklichkeiten«, das heißt, der Begriff Wasser schließt sämtliche Seinsmöglichkeiten in sich ein. Ein gutes Beispiel dafür ist das aquatische Urchaos, das in der ägyptischen Kosmogonie den Namen Nun trägt. Die Ägypter haben die Vorstellung des Urchaos aus der babylonischen Überlieferung übernommen und an die Israeliten weitergegeben; ähnliche Vorstellungen gibt es in fast allen Weltgegenden.

Die Kontrolle über das Element Wasser setzte nun die Konstruktion eines Diskurses voraus, das heißt einer sprachlichen Struktur, die sich auf die Idee der Zergliederbarkeit dieses Elementes gründet. Erst seine Aufspaltung in eine beliebige Anzahl von oft gegensätzlichen Einzelelementen – die mit der Abspaltung der zeitlichen Dimension als Geschichte vom nunmehr gegliederten Raum einherging – ermöglichte seine Manipulation und seine Nutzung.

Dieser Prozess lässt sich in der Mythologie beobachten. *Der* Wassergott spaltet sich in eine Vielzahl von Göttern auf, die für mannigfache Bezeichnungen des jeweils Bezeichneten, also der unterschiedlichen Aspekte des Wassers, stehen. Typisch dafür – und bis heute lebendig – sind zum Beispiel die Mythen des *Candomblé*, einer synkretistischen Religion aus Brasilien, die von afrikanischen Sklaven ins Land gebracht wurde. Die *Orixás* (Gottheiten) sind ebenso zahlreich wie die Kräfte der Natur, doch die Zahl der Götter der Wasser (nicht mehr »des Wassers«) ist noch wesentlich größer. *Yemanjá,* die Mutter der Fische, ist Herrin über die Meere und Ozeane und darüber hinaus die Mutter aller *Orixás* und die Beschützerin aller Lebenden. *Oxum* ist die Göttin des Süßwassers, der Flüsse und ihrer Quellen, und zugleich die junge Göttin der Schönheit, der Liebe, der Fruchtbarkeit, der Mutterschaft und des Reichtums. *Nanã* wird als älteste der weiblichen *Orixás* verehrt und mit dem Schlamm, den Sümpfen und den stehenden Gewässern in Verbindung gebracht, deren weise und ruhige Eigenschaften sie teilt. *Oxumarê* ist der Gott des Regenbogens, der Himmel und Erde verbindet, und deshalb auch der Gott des Regens, Sinnbild des kontinuierlichen Wandels. *Logun-edê* ist der Gott der Schönheit und der Jugend. Er hat zwei Gesichter: Sechs Monate im Jahr wird er als Mann dargestellt, der als Vater *(Oxóssi)* im Wald jagt; während der restlichen Monate des Jahres ist *Logun-edê* eine Frau und lebt mit der Mutter, *Oxum*, in einem Fluss.

Das Prinzip »*Teile und herrsche*« erlaubt eine formale Kontrolle; die Entwicklung einer wissenschaftlichen Sprache schafft Unterschiede, macht die Dinge benennbar und beschreibbar. Wie man sieht, geht die Unterscheidung verschiedenartiger Kräfte vor allem auf das Bedürfnis einer Kontrolle durch Begriffe oder Symbole zurück: Man kann sie nach Belieben kombinieren und wieder trennen, man kann sie gemäß den Anforderungen, die eine in Individuen zerfallende Menschengemeinschaft stellt, verbinden oder einander entgegensetzen.

Vom Zeichen, vom Symbol, zur Veränderung der Welt: Die Richtung, in die die Entwicklung geht, ist absehbar. Vom Wasser als etwas »Bezeichnetem« gelangen wir zum Wasser als etwas auf einen Plan »Gezeichnetem«, vom bloßen Symbol zum Projekt, das in die Wirklichkeit projiziert wird und so eine »konkrete« symbolische Dimension bekommt. Und das ist die *Hybris*: Sie liegt in der Verdrängung des Göttlichen aus dem Raum – zum Schaden des Menschen. Sie liegt in der Schaffung künstlich eingegrenzter Gebiete, und zwar vor allem an den Küsten und Gewässern. »Ich kam mir vor wie ein Gott, der die Fluten teilt«, schreibt Alvise Cornaro, der große Wohltäter Venedigs, in einem Omnipotenzrausch, trunken von der Vorstellung eines weltschöpferischen Prozesses, den er in der kulturellen und historischen Entstehung der Menschheit aus ihrer Beziehung zum Wasser entdeckt zu haben glaubte. Dabei handelt es sich nicht um ein altertümliches Gefühl, das durch die Moderne überwunden ist, sondern um eine höchst aktuelle Einstellung: »Helping You Control Your World« heißt der Slogan des für den Wasserbau zuständigen Zweiges der Firma Honeywell.

In anderen Worten, oder besser, in anderen Dimensionen, haben wir es mit der Verwandlung von Hieroglyphen, also Schriftzeichen, in »Geoglyphen«, in auf der Oberfläche der Erde verfestigten Strukturen, zu tun, die einen immer größer, immer globaler werdenden Maßstab annehmen. Vom Symbol zum Zeichen, zur Zeichnung und schließlich zum Plan einer Umgestaltung der Welt – diese Entwicklungslogik hat der Erde ihren Stempel aufgedrückt. In den Abbildungen dieses Kapitels erkennen wir die vielen »Grapheme«, die Zeichen, wieder, die die Schöpfungsvorstellungen der Menschen bis heute auf der Erde hinterlassen haben. Sie sind gleichsam Ausdruck des Willens, den Atlas der Gewässer und der Erdoberfläche in ein mysteriöses Buch zu verwandeln, das von der Aneignung der Welt durch die Menschheit und von der Schaffung einer Ökumene, einer Menschenwelt, handelt. Deutlich erkennen wir den Zickzack, das spiralförmige / \ / \ / \ / \ / \ (das zufällig an www, das Zeichen für das World Wide Web, erinnert). Es ist das älteste bekannte Symbol für fließendes Wasser – es stammt aus dem sechsten Jahrtausend v. Chr. – und lässt sich auch in manchen mäanderförmigen Schmuckmotiven der Kunst wiedererkennen. Das antike Wassersymbol verwandelt sich in der ägyptischen Hieroglyphe *mu* in Schrift. Dieses Schriftzeichen bedeutet Wasser, aber auch Geburt und Wiedergeburt. Davon stammt der griechische Buchstabe *μ* (mü) ab, der anfangs wahrscheinlich ebenfalls für Wasser stand, wie auch das semitische *mem*. Doch die Zeichen, die das Wasser in der umgestalteten Landschaft setzt, sind andere: Willkürlich verteilte parallele Linien deuten symbolisch auf Flüsse oder Quellen hin – letztere sind manchmal auf Punkte reduziert und gelten als Zeichen für »Ursprung«. Sehr oft schneiden sich diese Geraden auch. Das daraus entstehende Geflecht wird als Regen (»Wasser des Lebens«) gedeutet, besonders in Verbindung mit anderen Fruchtbarkeitssymbolen wie Ei, Vulva oder Schwimmblase. Diese Zeichen haben sich im Laufe der Zeit tief in die Erde eingegraben und bilden zerbrechliche, fein strukturierte Landschaften, die aussehen wie Mandalas, metaphysische Darstellungen der Welt. Im buddhistischen *Vajrayana* ist auch die äußerliche Welt ein Mandala: Hier vermischen sich Darstellung und Dargestelltes, Zeichen und Bezeichnetes.

Viele der Bilder in diesem Kapitel zeigen Küstenlandschaften. In der Tat sind gerade diese Zonen in hohem Maße von Veränderungen betroffen. Sie bilden nach und nach ein Geländeprofil heraus, im Gegensatz zum ebenen Spiegel, der das Kennzeichen des Meeres ist: Man kann eine partielle »Verlandung« des Wassers erkennen. Zweideutige Orte, das heißt, Bereiche, die »weder Fisch noch Fleisch«, weder Meer noch Land sind, verschwinden – aus ökologischer Sicht ist aber gerade dieser Übergangsbereich mit seiner hohen Produktivität und seiner Biodiversität ein bedeutendes Experimentierfeld der Evolution. Vielleicht ist er gerade deshalb ein begehrtes Objekt des Raubzugs der modernen Technologieunternehmen. Das gleiche Schicksal ereilt das vorgelagerte Land, das oft von Dämmen begrenzt und von Flüssen durchzogen wird, deren Wasser in künstliche Bahnen gelenkt worden ist. Dadurch wird fruchtbares Schwemmland zwischen Land und Meer vernichtet – zuerst ideell, dann auch physisch. Der Abscheu vor dem Uneindeutigen ist kennzeichnend für die dualistische Weltanschauung des Manichäismus: Wo alles entweder *ager* (Acker, das heißt kultivierte Landschaft) oder *silva* (ursprünglicher Wald) ist, gibt es keinen Platz für die instabile Zwischenform des *saltus* (des Nutzwalds) und seiner unberechenbaren Bewohner.

Auf die Epoche, in der das Wasser nur betrachtet wurde, folgt die des Begreifens im Sinne eines Besitzergreifens. Dabei wird die Komplexität der Wirklichkeit unweigerlich reduziert. Das Wasser wird vom Unnennbaren zum Verdinglichten, und es teilt dieses Schicksal mit der gesamten Natur. Was nun folgt, ist eindeutig der zunehmenden Komplexität der menschlichen Gesellschaft geschuldet.

Grundsatz 2

Die Verflechtung von Wirtschaftswachstum und Verschlechterung der Wasserqualität muss dringend unterbrochen werden

Ein grundlegendes Dilemma besteht darin, dass jede Steigerung des Wohlstands in den rasch wachsenden Volkswirtschaften immer auch immense Verschmutzungen der Umwelt nach sich zieht. Die Verschmutzung nimmt relativ sogar stärker zu als die Bevölkerungszahl und das Bruttosozialprodukt. Die Eindämmung der Umweltverschmutzung ist somit eine elementare Voraussetzung, um die Wasserversorgung zu sichern. Obwohl das Thema Wasserqualität seit mehr als drei Jahrzehnten auf der Tagesordnung zahlreicher Konferenzen steht, ist die Weltgemeinschaft bislang nicht in der Lage, der Wasserverschmutzung erfolgreich entgegenzuwirken. Die weitreichende Eutrophierung von Seen und Küstengewässern auf der ganzen Welt ist die Folge mangelhafter Abwasserentsorgung und der Nährstoffanreicherung im Wasser durch die Dünger der Land- und Forstwirtschaft. Industrielle Verunreinigung ist ein großes Problem für die Entwicklungs- und Schwellenländer. Es ist weithin nachgewiesen, dass selbst die Qualität des Grundwassers, das eigentlich als eine saubere und sichere Wasserressource betrachtet wird, weltweit zunehmend schlechter wird.

Der Kampf gegen die Wasserverschmutzung muss forciert und stärker auf Eigenverantwortung ausgerichtet werden. Gefährliche Chemikalien müssen weltweit verboten, Ressourcen schonende und umweltverträgliche Technologien Standard werden. Dabei kommt den Industriestaaten gegenüber den Entwicklungsländern eine besondere Verantwortung zu.

Der Konflikt um sauberes Wasser muss dringend entschärft werden. Andernfalls sind in den nächsten Jahrzehnten existenzbedrohende Auseinandersetzungen zwischen den Gesellschaften unvermeidlich.

»Wie dumm! Puh! … Ich bremste hart, und vor lauter Ärger stürzte ich mich, mit den Rädern nach oben, in einen Graben … Oh, mütterlicher Graben, fast bis zum Rand mit schmutzigem Wasser gefüllt! Oh schöner Abflussgraben einer Fabrik! Ich schlürfte gierig deinen stärkenden Schlamm, der mich an die heilige, schwarze Brust meiner sudanesischen Amme erinnerte … Als ich wie ein schmutziger, stinkender Lappen unter meinem auf dem Kopf stehenden Auto hervorkroch, fühlte ich die Freude wie ein glühendes Eisen erquickend mein Herz durchdringen!« Filippo Tommaso Marinetti, Gründungsmanifest des Futurismus

Nutzbar gemachtes Wasser

Eine dritte Phase der Beziehung zwischen Mensch und Wasser könnte man als die des »industrialisierten Wassers« bezeichnen. Die Veränderungen nehmen jetzt eine historische Dimension an – auch wenn diese Phase nicht direkt mit der Zeit der industriellen Revolution zusammenfällt. Die Entwicklung der industriellen Nutzung des Wassers verdankt sich vor allem der Nutzbarmachung fossiler Energieträger – Kohle und Erdöl –, durch die die Möglichkeiten für menschliche Eingriffe in die Natur vervielfacht werden. Gigantische industrielle Ballungsräume entstehen, die durch neuartige Kommunikationswege miteinander verbunden sind. Mit ihnen entstehen riesige industrielle Kühlanlagen, Schiffe aus Eisen und Hafenkräne, Flüsse, die wie Autobahnen begradigt sind, und riesige urbar gemachte Flächen. Überall arbeiten (Wasser-) Dampfmaschinen; Aquädukte für Millionenstädte und Wasserkraftwerke werden gebaut, eine industrielle Landwirtschaft entsteht, Kanäle und künstliche Seen werden angelegt, und die Küsten werden begradigt und befestigt. Die Welt entwickelt sich mit atemberaubender Schnelligkeit, und im selben Maße werden die herkömmlichen Formen der Nutzung des Wassers an den Rand gedrängt.

Geometrische Formen wie Gerade, Dreieck und Kreis verraten die Präsenz des Menschen und seinen Willen zur Veränderung, doch das große Projekt der Vermenschlichung der Natur wird immer undeutlicher – man fragt sich sogar, ob es jemals existiert hat. Die immer weiter vorangetriebene Geometrisierung der Natur wird zur Banalisierung des Raums; allein die Variablen Zeit (alles soll möglichst sofort und damit gleichzeitig geschehen) und Wert (Ertrag) spielen noch eine Rolle. Das in die Veränderung der Landschaft investierte Kapital – das heißt menschliche Arbeit – schafft maßlose gigantische Bauwerke. Diese sind für eine globale Gesellschaft errichtet, die die traditionellen Lebenswelten zerstört. In diesen aber richten die fremden neuen Ideen, wenn sie auf die traditionellen Vorstellungen treffen, nur Verwirrung an. Die Menschen verstehen die Welt nicht mehr und werden buchstäblich sprachlos – was an den uralten und doch ganz aktuellen Mythos vom Turmbau zu Babel erinnert.

Mit am bezeichnendsten für den Gigantismus dieser Epoche sind die Staudämme, jene gewaltigen Bauwerke, die in den Wasserkreislauf eingreifen, indem sie den Lauf der Flüsse anhalten – und damit auch den Fluss der Zeit, die Geschichte. In den Fünfzigerjahren des 20. Jahrhunderts gab es auf der Erde kaum mehr als fünftausend große Staudämme oder -mauern von mehr als dreißig Metern Höhe; um die Jahrtausendwende waren es bereits neunzehntausend. Insgesamt gibt es über achthunderttausend Staudämme aller Größenordnungen. Sie verändern den Lauf von etwa der Hälfte der bedeutenderen Flüsse der Welt und speichern insgesamt etwa sechstausend Kubikkilometer Wasser, was fünfzehn Prozent der weltweiten erneuerbaren Wasserreserven entspricht. Und wenn es zutrifft, dass durch diese Staudämme neunzehn Prozent unserer Energie produziert werden und die Ernährung von sechzehn Prozent der Weltbevölkerung von ihnen abhängt, muss man wohl in Kauf nehmen, dass durch die Errichtung von Staudämmen möglicherweise ganze Landschaften ausgelöscht werden – man denke beispielsweise an den Aralsee und seine bevorstehende

Vernichtung durch den Amu-Darja-Staudamm. Im Übrigen erlauben diese Staudämme häufig nicht einmal, dass auch nur das Minimum an Wasser weiterfließt, das nötig ist, um die Lebensräume flussabwärts und die Fruchtbarkeit der Landschaften dort zu erhalten.

Eine der charakteristischen Folgewirkungen der Errichtung dieser Bauwerke ist die Vertreibung der ansässigen Bevölkerung. Ganze Ortschaften und ihre Bewohner müssen umgesiedelt werden. Diese Entwicklung spiegeln viele Fotos dieses Kapitels wider: Dort, wohin das Wasser vordringt, ist kaum noch Platz für die Menschen – sie werden vertrieben.

In unserer modernen Gesellschaft sieht man keine Menschenmassen mehr, die sich betend oder arbeitend an den Rändern von Meeren und Gewässern drängen und gleichsam eine lebendige Membran bilden, die zwischen dem flüssigen und dem festen Element vermittelt. Die Räume sind heute, am Ende eines gewaltigen Umwälzungsprozesses, funktional streng voneinander geschieden und haben jeweils ihre speziellen Aufgaben. Das Wasser ist auf präzise umrissene Flächen zurückgedrängt worden. Auf diesen Flächen ist die Gegenwart von Menschen kaum noch nötig (oder besser: vorgesehen) – trotz der großen Bedeutung dieser Flächen für die Menschen: Man denke dabei nicht nur an die Staubecken, sondern auch an die großen Ackerbau- und Industrieflächen, an die Einrichtungen für die Fischzucht und den Wasserverkehr, von denen die Bilder dieses Buches einen lebhaften Eindruck vermitteln.

Auf seine bloße Funktionalität reduziert, wird das flüssige Element zu etwas Fremdem, Abstoßendem. Nur dort, wo es für die Menschen Attraktionen, Spaß und Nervenkitzel bereithält – wobei es freilich mehr um eine Inszenierung als um das wirkliche Leben geht –, wird Wasser wieder anziehend, »attraktiv«. Die Rede ist von den auf den Tourismus spezialisierten Räumen. Hier erlangt das Wasser ein wenig von seiner alten mythischen Bedeutung zurück, da die Menschen zu einer ursprünglichen Natur zurückzukehren versuchen. Dies wird allerdings in den Ideen von Freizeit, Urlaub, Gesundheit, Sommerfrische und dergleichen völlig banalisiert. Das Wasser ist hier nicht mehr als ein wunderbarer, romantischer und vielleicht ein wenig dekadenter Hintergrund für Erlebnisse, die nicht wirklich Erfahrungen sind. Das beste Beispiel für diese Entwicklung ist Venedig. Es ist erstaunlich, welchen Einfluss diese Stadt noch immer auf die Debatten der Moderne hat. Sie reichen von dem durch die Futuristen vorausgesagten und geradezu geforderten Untergang bis hin zum gerade im Bau befindlichen, höchst umstrittenen MOSE-Projekt, bei dem durch versenkbare Pontons die Stadt geschützt werden soll, ohne dass die Zirkulation des Lagunenwassers beeinträchtigt wird. Venedig ist eine entvölkerte Stadt, aber voller Touristen und Pendler, Venedig ist eine schweigende Stadt und schwirrt doch von Worten: Diese Widersprüche symbolisieren das unlösbare Dilemma der Lagunenstadt.

»Es sieht so aus, als dringe die Lagune hier gegen das Festland vor. Dabei ist es stets das Festland, das im Vormarsch gegen die Lagune ist. Betrachten Sie nur diese rissigen schlammigen Stellen, die herausragen. Vor nicht einmal zehn Jahren waren sie noch von Wasser bedeckt.« Signor Aghios erzählt in Italo Svevos *Kurzer sentimentaler Reise* nun des Langen und Breiten vom jahrhundertelangen Kampf zwischen Lagune und Festland und davon, wie viel Geld und Mühe es gekostet habe, die Lagune zu erhalten. »Deshalb war es auch nicht möglich«, fährt er fort, »Venedig durch eine zweite Brücke mit dem Festland zu verbinden, denn jeder Pfeiler, den man in den Lagunengrund rammt, sammelt sogleich Schlamm um sich, der normalerweise fortgespült würde, und bedeutete somit für die Lagune eine neue Gefahr.«

Es ist aber nicht nur so, dass es keine Menschen mehr gibt, wo Wasser ist; es gibt auch die umgekehrte Entwicklung: Dort, wo Menschen sind, wird das Wasser zurückgedrängt, kanalisiert, versteckt. Die großen Ballungszentren leben heute nicht mehr wie in den großen Zivilisationen der Vergangenheit an den Flüssen, Seen oder Meeren, denen sie oft ihre Entstehung zu verdanken haben. (Was einen an Fotos von New York fasziniert, ist die alles beherrschende »Wasserlandschaft«, und es ist schwer, sich vorzustellen, dass Brooklyn vielleicht eines Tages mit Coney Island verbunden sein wird, wie in der Schlussszene des Films *The Warriors*.) Den größten Teil des Oberflächenwassers der Erde hat man in festen Mauern gebändigt und »unter die Erde gelegt«, wie man es mit einem Wort bezeichnen kann, das perfekt für ein Gräberidyll passt. Auch wenn der Fluss noch sichtbar ist, wird er doch »reguliert«. Auch dieses Wort ist treffend, bedeutet es doch so viel wie »gezüchtigt«: Der Fluss wird wie ein Verbrecher in massiven Mauern oder Dämmen eingesperrt. Darin drücken sich Distanz, Furcht und Fremdheitsgefühle aus, Einstellungen, die sich sehr von jenen unterscheiden, die wir aus alten Stichen herauslesen können und die wir von Kulturen kennen, in denen die Menschen noch einen direkteren, weniger »vermittelten« Bezug zur Ressource Wasser haben.

Auch das Trinkwasser ist unserem Blick – und oft auch unserer Wahrnehmung – entzogen. Es ist heute überall und jederzeit (unabhängig von Raum und Zeit) verfügbar und wird deshalb weder als knappe Ressource noch als Reichtum empfunden. Es ist auf das technische Netzwerk der Trinkwasserversorgung reduziert und damit auf eine bloße Maßnahme der Stadtentwicklung. Ein ziemlicher Abstieg für eine Gottheit!

Der am meisten am Wasser interessierte – oder besser: am meisten wasserverschlingende – Sektor bleibt die Landwirtschaft. Zwischen siebzig und achtzig Prozent des gewonnenen und nutzbar gemachten Wassers wird für die Bewässerung der Felder verwendet (im Vergleich: fünfzehn bis zwanzig Prozent für die Industrie, zehn Prozent für die private Nutzung). Doch nur vierzig Prozent dieses Wassers erreichen auch tatsächlich die Felder. Über die Hälfte geht auf dem Weg dorthin durch Verdunstung oder Versickerung verloren. Das von der Landwirtschaft in den Wasserkreislauf zurückgeführte Wasser ist zumeist stark mit Chemikalien verschmutzt. Außerdem führt falsch angewandte Bewässerung auf Dauer zur Versalzung und Desertifikation des Bodens und zu verstärkter Erosion. Die Landwirtschaft der Industrieländer ist heute nicht nur vom Regen unabhängig, sondern auch von Flüssen, Kanälen oder Gräben – dem hervorragend funktionierenden abgestuften Bewässerungssystem aus früheren Zeiten, das die genaue Kenntnis eines Gebiets und seiner eigenen Klimadynamik voraussetzte – »Natur«-Katastrophen wie die so genannten »Überschwemmungen« waren in diesen alten Formen der Wasserwirtschaft unbekannt. Kulturen hochgezüchteter, oft überzüchteter Pflanzen können unter den naturgegebenen wechselhaften Witterungsbedingungen nicht mehr gedeihen; sie sind vielmehr von einer regelmäßigen Berieselung abhängig, deren Kosten meist unterschätzt werden. Gigantische Regner, die ein Netz von Versorgungsleitungen voraussetzen, sollen die Unzuverlässigkeit der Natur ausgleichen. Aus dieser Sicht der Dinge wird »Mutter Natur« zur bösen Stiefmutter.

Aus dem Blickwinkel der Kultur- und Sozialgeschichte könnte man die dritte Phase der Mensch-Wasser-Beziehung auch als die der »Erfindung des Wassers«, nämlich als technisches Produkt und kommerzielle Ware, bezeichnen. Seit Urzeiten gab es stets ein Recht auf Wasser als einer Existenzbedingung des Menschen, ein Recht, das sich auch auf die Bevorratung von Wasser erstreckte. In der klassischen Naturrechtslehre hatte Wasser den rechtlichen Status einer *res communis omnium*, also einer Sache, auf die jeder dasselbe Recht hat. Heute rechnet man Wasser zunehmend zu den menschlichen »Grundbedürfnissen«, die durch Güter oder Waren befriedigt werden. Wie andere Güter auch muss Wasser deshalb »produziert« werden. Gab es früher schlicht und einfach nur »das Wasser«, so haben wir heute Trinkwasser, Heilwasser, Industriewasser, schweres Wasser, destilliertes Wasser, Badewasser, Wildwasser, Thermalwasser, Mineralwasser, entmineralisiertes Wasser … Der Konsum lässt sich nur steigern, wenn die Bedürfnispalette breiter wird und wenn das immer wertvollere Nass in immer neuen Formen der Natur entzogen und der Vermarktung zugeführt wird. Eine aggressive und verfälschende Werbung verrührt Begriffe, Vorstellungen und Mythen zu einem Einheitsbrei, in dem Herkunft, Zeit und Raum verschwimmen. Wasser aus der Ebene wird mit Bildern prachtvoller Berglandschaften vermarktet, hartes Wasser als weiches. Im Jahr 2003 haben zum Beispiel die Italiener elf Milliarden Liter Mineralwasser getrunken, einen halben Liter pro Kopf und Tag. Heute kümmert sich sogar die Nanotechnologie um das Wasser, um seine Veredlung, seine Entsalzung und um seine Reinigung von mikrobiologischen und chemischen Verschmutzungen. Auch das im Umlauf befindliche Mineralwasser bleibt großenteils unsichtbar, denn es wird an Orten verarbeitet, zu denen nur wenige Menschen Zutritt haben, und es taucht erst als zur Ware gewordener Rohstoff wieder auf.

Die Menge an Wasser, die benötigt wird, um unsere Konsumgüter zu produzieren, ist gewaltig. Um eine Tonne Stahl zu produzieren, sind bis zu zweihundertfünfzig Tonnen Wasser nötig, Ähnliches gilt für Aluminium. Für eine Tonne Papier braucht man zwischen dreißig und dreihundert, für eine Tonne Zucker hundertfünfzig und für eine Tonne Leder hundert Tonnen Wasser. Auch für die Herstellung von Lebensmitteln werden ungeheure Wassermengen benötigt: Für eine Tonne Mais braucht man zweitausendfünfhundert Tonnen Wasser, für eine Tonne Weizen vierhundert, für eine Tonne Bohnen dreizehn, für eine Tonne Soja elf und für eine Tonne Bier acht Tonnen. Bei diesen Zahlen, die natürlich nur Annäherungswerte sein können, sind alle Prozesse der Produktion, der Umwandlung und der Vermarktung berücksichtigt.

Interessanterweise lässt der Preis dieser Lebensmittel nicht auf den enormen Wasserbedarf bei ihrer Herstellung schließen. Weil der Wert des »blauen Goldes« als eines Rohstoffs allgemein unterschätzt wird, werden nicht die nötigen Mittel bereitgestellt, um das gebrauchte Wasser gereinigt wieder dem Wasserkreislauf zuzuführen. Die verfügbare Wassermenge mag zwar gleich bleiben, nicht aber ihre Qualität. Anders gesagt: Wir stehen vor dem Problem, dass Profite zunehmend privatisiert, die Kosten aber der Gesellschaft aufgebürdet werden. Es fließen aber nicht nur die durch die Nutzung des Wassers entstehenden Profite in private Firmenkassen; auch die Privatisierung des Wassers selbst schreitet immer mehr voran.

In den beiden letzten Jahrhunderten hat sich der Umgang mit der Ressource Wasser in zweierlei Hinsicht grundlegend verändert. Erstens wurde die Verantwortung für die Wasserversorgung von örtlichen auf immer übergeordnetere Ebenen verlagert, zuletzt auf die Ebene des Staats – beziehungsweise, in den vom Wirtschaftsliberalismus geprägten Volkswirtschaften, auf die Ebene multinationaler Konzerne. Zweitens hat sich die Art und Weise der Wassergewinnung gewandelt. Während früher hauptsächlich Regenwasser Versorgungsgrundlage war, werden heute Flüsse und Seen angezapft und die Grundwasserschichten mit großem technischen Aufwand ausgebeutet. Nach Schätzungen der Weltbank wird der Gesamtumsatz der Wasserversorgungskonzerne in Kürze eine Billion Dollar erreichen. Die Wasserindustrie hat damit fast vierzig Prozent des Umsatzes der Ölindustrie erreicht, und ihre Wachstumsaussichten sind ausgezeichnet, wenn man bedenkt, dass heute nur fünf Prozent der Weltbevölkerung ihr Wasser von den Konzernen beziehen. Der weltweite Wasserversorgungsmarkt wird von nicht einmal einem Dutzend multinationaler Konzerne beherrscht – darunter Nestlé, Coca-Cola, Pepsi, Danone, Unilever –, und die größten unter ihnen wie Suez, Vivendi, RWE und Bechtel sind an allen Phasen des »Wasserkreislaufs« – Exploration, Förderung, Anlagenbau und Vertrieb – beteiligt, was eine Monopolstellung dieser Firmen zur Folge hat, die in anderen Wirtschaftszweigen schwer vorstellbar ist: Allein zwei der zitierten Konzerne erwirtschaften siebzig Prozent des weltweiten Gesamtumsatzes im Bereich Wasserversorgung.

Ohne autonome Wasserversorgung keine Stabilität und Sicherheit in den Ballungsräumen

Eine technisch ausgereifte und sichere Wasserver- und -entsorgung ist Grundbedingung für die Existenz der Menschen in den Ballungsräumen und für den Betrieb von Industrieanlagen, Krankenhäusern und anderen städtischen Einrichtungen. Nur so ist eine nachhaltige zukunftsfähige Entwicklung in den Ballungszentren möglich. Die Notwendigkeit, neue Wasservorkommen für die großen Städte zu erschließen, muss mit anderen Planungsmaßnahmen in den Einzugsgebieten koordiniert werden. Hier ist die Politik gefordert, um auch die armen Bevölkerungsschichten in den wild bebauten Randgebieten der Städte ausreichend mit Wasser versorgen zu können. Führt man sich die gewaltige Aufgabe vor Augen, in jedem Jahr Trinkwasser für zusätzliche fünfzig Millionen Menschen bereitstellen zu müssen, wirkt der Raubbau an den Wasservorkommen in den Ländern mit ausreichenden Ressourcen unangemessen. Eine stromabwärts gelegene Stadt soll ihr Wassereinzugsgebiet als einen Aktivposten für ihre Entwicklung betrachten und in stromaufwärts gelegene, existenzsichernde Anlagen investieren, denn der Fluss ist ihre Lebensader. Wo die Wasserversorgung kritisch ist, könnte eine zukunftsorientierte Lösung darin bestehen, Regenwasser aufzufangen, Wasserrückhaltebecken anzulegen oder Brauchwasser zu recyceln. Solche innovativen Lösungen bieten langfristige Alternativen zu den herkömmlichen Versorgungssystemen. Eine gut funktionierende Abwasserwirtschaft ist elementare Voraussetzung für die Gesundheit der Stadtbevölkerung. Auf dem Weltgipfel für nachhaltige Entwicklung müssen klare Zielvorgaben zur Abwasserbehandlung als Ergänzung zu den Entwicklungszielen der Vereinten Nationen für das neue Jahrtausend festgelegt werden. Es gibt Überlegungen, Müll und Abwässer als Ressourcen zur Nahrungsmittelherstellung einzusetzen. Doch heute leben Milliarden von Menschen ohne ausreichende Abwasserentsorgung. Die auf Wasserbasis arbeitenden Systeme müssen von umweltfreundlichen, »trockenen« Systemen als ausgereifte und zulässige Alternative abgelöst werden. Obschon die Notwendigkeit umweltfreundlicher Einrichtungen zur Abwasserentsorgung in vielen Entwicklungsländern mehr und mehr anerkannt wird, werden von Beratungsunternehmen und Geberorganisationen noch immer konventionelle, wassergestützte Systeme als einzige Lösung empfohlen, wenn es um Großprojekte geht. Ein solcher Ansatz beseitigt die Abfallprobleme nicht, sondern verschärft sie sogar noch.

▲ 180 ▼

Astron

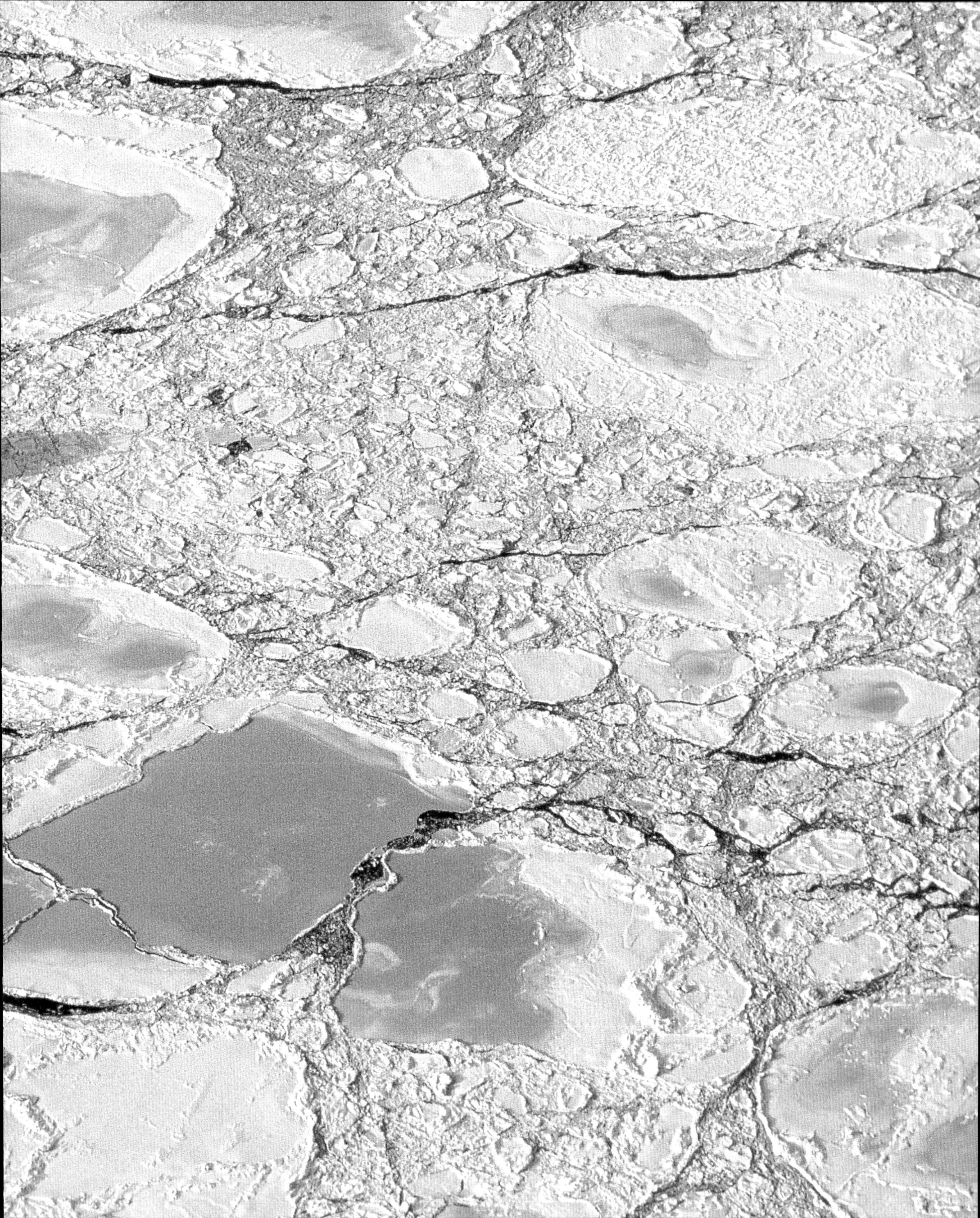

»Des Menschen Seele
Gleicht dem Wasser:
Vom Himmel kommt es,
Zum Himmel steigt es,
Und wieder nieder
Zur Erde muss es,
Ewig wechselnd.«

Johann Wolfgang von Goethe,
Gesang der Geister über den Wassern

Wasser – Ressource und Risiko

In dieser vierten Phase der Geschichte der Beziehung zwischen Mensch und Wasser wird das Wasser zum »Notfall«, um es – mit einem inzwischen etwas überstrapazierten Wort – drastisch auszudrücken. Das Wasser erlangt dabei die verloren geglaubte Bedeutung und Prägnanz eines Symbols zurück – eines Symbols vor allem dafür, dass die Beziehung zwischen Mensch und Natur sowie die zwischen dem Norden und dem Süden des Globus grundlegend neu gestaltet werden muss. Diese Einstellung ist noch ziemlich neu; sie ist noch in der Entwicklung begriffen und hat die Gesellschaft noch nicht nachhaltig durchdrungen. Wenn die Menschen aber umzudenken beginnen, so liegt das daran, dass wir immer deutlicher mit einer globalen Wasserkrise konfrontiert sind, die uns zeitlich wie räumlich immer näher rückt. Wir verdanken sie hauptsächlich zwei Hinterlassenschaften des 20. Jahrhunderts: der Bevölkerungsexplosion und dem rasanten technologischen Fortschritt. Beides hat die Wasserreserven der Welt überbeansprucht.

Die Wasserkrise lässt sich grob in vier große Problemkreise unterteilen, die eng miteinander verbunden sind: Zugang, Verteilung, Qualitätsminderung, Verschwendung. Der Gesellschaft wird mehr und mehr bewusst, dass Wasser nicht unbegrenzt vorhanden ist, nicht überall vorkommt und nicht länger zum Nulltarif nutzbar ist. Und damit wird die Problematik des »industrialisierten«, also den Mechanismen der Wirtschaft unterworfenen Wassers deutlich: Wasser ist eine zwar grundsätzlich erneuerbare, aber dennoch nur begrenzt vorhandene Ressource. Es besteht die Gefahr, dass wir Wasser nicht mehr in hinreichender Menge wiederaufbereiten können, weil wir immer früher auf Reserven zurückgreifen müssen, die noch nicht genügend Zeit für ihre Erneuerung hatten; diese Reserven sind dadurch von zunehmend schlechter Qualität.

Nach Angaben der UNO haben heute 1,5 Milliarden Menschen noch keinen direkten Zugang zu Trinkwasser. Im Jahr 2020 werden es voraussichtlich 3,6 Milliarden sein. Außerdem müssen derzeit etwa 2,5 Milliarden Menschen ohne ausreichende sanitäre Anlagen auskommen. Jahr für Jahr sterben fünf Millionen Menschen, vor allem Kinder, an Krankheiten, die durch verschmutztes Wasser hervorgerufen werden. Dem steht die Tatsache gegenüber, dass sich der Wasserverbrauch in den letzten Jahren versechsfacht, also im Verhältnis zur gewachsenen Erdbevölkerung verdoppelt hat. In vierzig Jahren wird Schätzungen zufolge der Wasserverbrauch doppelt so hoch sein wie heute. Das Problem der Wasserversorgung ist gewiss nicht das einzige, das sich uns im Kontext der Wasserkrise stellt, aber es ist mit Sicherheit eines der wichtigsten – angesichts der Not und des Leidens, die unmittelbar aus ihm erwachsen.

Die Trinkwasserproblematik hat auch eine ökologische Dimension. Es gibt auf der Erde 263 große Flusssysteme, die für fast die Hälfte der Festlandsflächen von existenzieller Bedeutung sind. Der größte Teil der Süßwasserseen ist im äußersten Norden unseres Planeten konzentriert – allein fünfzig Prozent in Kanada. Die Feuchtgebiete sind zwar etwas ausgeglichener über die Erdregionen verteilt, aber auch sie liegen meist auf der Nordhalbkugel: Eine Million Quadratkilometer entfallen auf Ostsibirien, 800 000 auf das Amazonasbecken, 320 000 Quadratkilometer auf das Gebiet der Hudson Bay. Und im Laufe des vergangenen Jahrhunderts hat sich die Gesamtfläche der Feuchtgebiete weltweit mehr als halbiert.

Es gibt also erhebliche Störungen im Wasserkreislauf. Ursache hierfür ist zuerst die globale Klimaveränderung durch den Menschen, dann aber auch die Veränderung des jeweiligen regionalen Klimas durch Entwässerung und Stauseen. Der jährliche Wasserkreislauf auf der Erde umfasst 580 000 Kubikkilometer. Etwa 500 000 Kubikkilometer davon stammen aus der natürlichen Verdunstung der Ozeane und Meere. Zu neunzig Prozent gelangt dieses Wasser in Form von Niederschlägen wieder in die Weltmeere zurück; der Rest wird ungleichmäßig über das Festland verteilt. In den vergangenen Jahren war dabei allerdings eine jahreszeitliche Verschiebung der Niederschlagsmengen zu beobachten, die mit einer veränderten Intensität einherging. Die Niederschläge konzentrierten sich auf immer kürzere Perioden, während die Trockenphasen länger wurden. Dieser Wandel im Rhythmus von Regen und Trockenheit ist die Ursache unzähliger »Natur«-Katastrophen wie Überschwemmungen und extremer Erosion.

Die ungleiche Verteilung der Niederschläge führt, zusammen mit der verantwortungslosen Ausbeutung des Bodens, zu einer fortschreitenden Desertifikation. Dass die Wüsten sich vielerorts immer weiter ausbreiten, wurde zwar schon zu Beginn des vergangenen Jahrhunderts beobachtet; trotzdem ist noch heute weitgehend unbekannt, welche Größenordnung dieses Phänomen hat: Ein Viertel der Erdoberfläche ist von Desertifikation bedroht. Siebzig Prozent der Trockengebiete Amerikas und Afrikas sind gefährdet, und allein in Afrika leben fast eine Milliarde Menschen in von der Wüste bedrohten Gebieten. 3,3 Milliarden Hektar Ackerfläche in den Trockenzonen drohen zu versteppen. Jedes Jahr werden zehn Millionen Hektar Wald zerstört, und zwanzig Prozent der weltweit insgesamt 250 Millionen Hektar wasserreicher Ackerflächen sind von Versalzung bedroht.

Auch die Ozeane mit ihren immensen Wassermassen zeigen allmählich Zeichen einer dauerhaften Schädigung. Die Menge Schweröl, die jedes Jahr in die Meere gelangt, übertrifft die Ladung eines Supertankers. Zwei Drittel der Flussmündungen zeigen starke Anzeichen der Überdüngung. Allein in den Vereinigten Staaten sind 13 000 Strände nicht mehr zum Baden benutzbar. Nach Schätzungen des amerikanischen Umweltministeriums produzieren 3000 Passagiere eines Kreuzfahrtschiffs pro Woche 796 000 Liter Jauche, dreieinhalb Millionen Liter Abwasser aus Duschen, Badewannen und Waschmaschinen sowie 140 000 Liter ölverschmutztes Bilgenwasser und über acht Tonnen feste Abfälle. (Ein Schwarm von 200 000 Fischen, zum Beispiel Lachsen, gibt an die Umwelt eine Menge von Phosphor, Stickstoff und Fäkalien ab, die den ungeklärten Ausscheidungen von 65 000 Menschen entspricht.) Weiterhin ist davon auszugehen, dass jeden Tag weltweit etwa 7000 Exemplare ortsfremder Spezies von Schiffen um die ganze Welt transportiert werden, zumeist im Ballastwasser. Dadurch werden fremde Arten in sensible Ökosysteme eingeführt, was zu großen Problemen führt. Die intensiven modernen Fangmethoden in der Fischerei führen außerdem dazu, dass einzelne wichtige Arten selektiv dezimiert werden, wodurch sich ebenfalls dramatische Strukturveränderungen der marinen Ökosysteme ergeben. Ein heute noch viel gravierenderes Problem aber ist gerade auf die mangelnde Selektivität des Fischfangs zurückzuführen, nämlich die Vernichtung des so genannten Beifangs, das heißt der Arten, nach denen nicht gezielt gefischt wird: Nach Angaben von Experten wurden zwischen 1980 und 1990 fast 25 Prozent der gesamten Ausbeute der Fangflotten oder etwa dreißig Millionen Kilogramm jährlich als unverwertbar entsorgt. Die intensive Fischerei im Atlantik und seinen Seitenmeeren hat beispielsweise fast schon zur Ausrottung der Meeresschildkröten geführt, und Norwegen, Japan und Island verfolgen weiterhin unbeirrt ihr Programm zur kommerziellen Ausbeutung der Walbestände.

Aus all diesen Gründen wird immer häufiger eine neue Kultur des Umgangs mit dem Wasser eingefordert, in der die Gesamtheit der Bemühungen der Menschen ihren Ausdruck findet, ein Grundanliegen der Menschheit durchzusetzen – nämlich die Erhaltung der Umwelt als Voraussetzung für die Existenz und die Gestaltung jedweder menschlichen Gemeinschaft.

Die Wiederaneignung des Wassers und seiner Bedeutung für den Menschen setzt jedoch die Kenntnis darüber voraus, um welche Wassermengen es geht und welches ihre grundlegenden Eigenschaften sind. Das gesamte Wasservolumen auf der Erde beträgt 1,4 Milliarden Kubikkilometer. Die Süßwasserressourcen belaufen sich auf 35 Millionen Kubikkilometer, das heißt 2,5 Prozent des Gesamtvolumens. Davon sind 24 Millionen Kubikkilometer (69 Prozent) in Gletschern und im ewigen Eis von Arktis und Antarktis gebunden. Dreißig Prozent des Süßwassers (acht Millionen Kubikkilometer) lagern in unterirdischen Schichten und machen allein etwa 97 Prozent der für den Menschen potenziell nutzbaren Wassermenge aus. Flüsse und Seen enthalten lediglich 105000 Kubikkilometer oder 0,3 Prozent des weltweit vorhandenen Süßwassers. Das Gesamtvolumen der für die Ökosysteme und den Menschen nutzbaren Süßwassermenge der Erde beträgt lediglich 200000 Kubikkilometer, das heißt weit weniger als ein Prozent des gesamten Süßwasservorkommens und lediglich etwas mehr als 0,01 Prozent des gesamten Wasservolumens auf der Erde.

Seit Ende des 20. Jahrhunderts nutzen wir mehr als die Hälfte des natürlichen Oberflächenwassers und führen es in erheblich verschlechterter Qualität der Umwelt wieder zu. Die fortschreitende Qualitätsverschlechterung des Oberflächenwassers hat dazu geführt, dass die Trinkwasserversorgung von mehr als 1,5 Milliarden Menschen von unterirdischen Wasserreserven abhängt. Aus diesen werden jährlich 700 Kubikkilometer entnommen, das entspricht zwanzig Prozent des gesamten Trinkwassers. Die nicht erneuerbaren Wasserreserven aus fossilen Schichten sind in einigen Regionen nahezu aufgebraucht: In Saudi-Arabien sind sie bereits gänzlich erschöpft, im Maghreb wird dies in vierzig Jahren der Fall sein. Anders als beim Erdöl! Die für jeden einzelnen Menschen im Durchschnitt verfügbare Wassermenge ist von jährlich 13000 Kubikmetern im Jahr 1970 auf 9000 Kubikmeter im Jahr 1990 und auf 7000 Kubikmeter im Jahr 2000 zurückgegangen; 2025 werden es den Voraussagen zufolge nur noch 5000 Kubikmeter sein. Diese Menge würde durchaus noch ausreichen, wenn das Wasser auf der Erde gleichmäßig verteilt wäre. Doch viele Länder in Afrika, im Vorderen Orient und in Ostasien – auch einige osteuropäische Länder – verfügen nur über weit unterdurchschnittliche Wasserreserven. Nach Berechnungen der UNO beträgt die pro Kopf notwendige Wassermenge mindestens vierzig Liter am Tag. Doch tatsächlich werden in den USA 425, in Europa 165, in Afrika dagegen lediglich zehn Liter Wasser pro Kopf und Tag verbraucht. Wasser ist also nur scheinbar allgegenwärtig. In Wahrheit sind sechzig Prozent der Süßwasserressourcen in nur neun Ländern konzentriert: in Brasilien, Russland, China, Kanada, Indonesien, den USA, Indien, Kolumbien und der Republik Kongo.

Die Bilder von touristisch genutzten Wasserlandschaften zeigen besonders deutlich, wie wichtig es ist, die Schönheit und Sauberkeit der Meeres-, Seen- und Flusslandschaften zu erhalten. Sie führen uns vor Augen, wie groß die Gefahren einer Verunstaltung der Landschaft durch ihre utilitaristische Ausbeutung und welches die Grenzen ihrer Nutzung für aufwendige Freizeiteinrichtungen sind. Aus diesem Blickwinkel ist es nur tröstlich, dass gerade in einer Zeit, in der die äußere Wirklichkeit mehr denn je auf ihre kommerzielle Bedeutung reduziert zu werden droht, neue Mythologien der Natur und damit auch des Wassers entstehen – die übrigens durchaus an die Vorstellungen von Rousseau und Hobbes anknüpfen, die die Schönheit und ursprüngliche Reinheit der Natur predigten und ihrerseits aus einem tiefverwurzelten Respekt vor dem »natürlichen« Recht und aus der seit der Antike überlieferten Sehnsucht nach der *tellus inarata*, der unbeackerten Erde des Goldenen Zeitalters, schöpften. Wir haben es anscheinend mit einer seltsamen Ausformung des Prinzips der kommunizierenden Röhren zu tun: In dem Maße, wie in bestimmten Räumen die Natur ohne Einschränkungen verändert werden kann, widmet man sich in anderen Räumen ihrer Erhaltung und ihrem Schutz. Während man in ersteren entfremdet arbeitet, dienen letztere der Ruhe und Entspannung. Beide Räume sind räumlich wie zeitlich strikt voneinander getrennt, doch stets verweist der eine gleichsam bedauernd auf den anderen. Es ist, als hieße es fortwährend, frei nach Sartre: »Das Paradies, das sind die anderen.«

Wie gesagt: Die Aufgabe, vor der wir stehen, ist die Schaffung einer neuen Kultur im Umgang mit dem Wasser. An grundsätzlichen Absichtserklärungen fehlt es nicht. Schon 1968 unterzeichnete der Europarat in Straßburg die Wassercharta, in der wichtige Grundsätze festgelegt wurden, die dem Wasser den Status eines Gemeinguts zuerkannten und seine Wertschätzung und sorgsame Nutzung als Gebot festschrieben. Außerdem wurde beschlossen, dass die Wasserwirtschaft im Rahmen der natürlichen Flusssysteme und nicht in dem administrativer oder politischer Grenzen betrieben zu werden habe: Wasser ist ein gemeinsames Gut, das internationale Zusammenarbeit verlangt.

Das Zweite Weltwasserforum in Den Haag im Jahr 2000 brachte eine wahre Kulturrevolution zustande mit seinen Forderungen nach einer Sicherheit der Wasserversorgung, die überall zu gelten habe: Alle Menschen müssen über eine genügende Menge gesunden Wassers verfügen und an der Verwaltung der Wasserressourcen teilhaben können; die Umwelt muss geschützt und die Unversehrtheit der Ökosysteme durch eine nachhaltige Bewirtschaftung der Wasserreserven sichergestellt werden; die Wasserressourcen müssen gerecht aufgeteilt werden, um durch friedliche Zusammenarbeit die Nutzungsmöglichkeiten des Wassers auf allen Ebenen zu fördern; die Wasserversorgung muss durch angemessene Maßnahmen auch angesichts von Überschwemmungen, Dürreperioden, Verschmutzung und ähnlichen Gefahren sichergestellt werden; dem wirtschaftlichen, sozialen, ökologischen und kulturellen Wert des Wassers muss dadurch Rechnung getragen werden, dass der Preis für seine Nutzung in einem angemessenen Verhältnis zu den tatsächlichen Bereitstellungskosten steht; die Wasserreserven müssen klug und gerecht verwaltet werden, wobei das öffentliche Interesse gegenüber den Interessen der Kapitalgeber Vorrang hat.

Das Weltsozialforum von 2002 hat diese Leitlinien in der »Erklärung von Porto Alegre zum Thema Wasser« weiterentwickelt und gemeinsame Grundsätze formuliert:

- Das Wasser der Erde gehört allen Lebewesen und darf deshalb nicht als eine Ware behandelt werden.
- Jedes Lebewesen hat ein Recht auf Wasser.
- Wasser ist eine natürliche Ressource, die nachhaltig genutzt werden muss. Es muss als Gemeingut aller Gesellschaften und der Natur selbst behandelt werden.
- Wasser ist ein für die Sicherheit unserer Gemeinschaften und Gesellschaften entscheidendes Gut.
- Die staatlichen Verwaltungen sind im Rahmen der jeweiligen rechtlichen und verfassungsmäßigen Vorgaben, in denen sich das öffentliche Interesse ausdrückt, die Treuhänder der jeweiligen Bevölkerungen.
- Die politische Verwaltung der Verteilung des Wassers und der Gewährung des Zugangs zum Wasser muss unparteiisch sein, und zwar sowohl hinsichtlich des sozialen Status der Menschen wie auch hinsichtlich ihres Geschlechts; sie hat die gleiche Teilhabe aller an einer gesunden Umwelt sicherzustellen.

In dem heute fortwährend erhobenen Ruf nach einer administrativen Lösung aller Probleme mit dem Wasser kehrt ganz offenbar eine Einstellung wieder, die es bereits in der Antike gab. Platon – der natürlich die modernen Ideen von Umweltzerstörung, Wiederherstellung einer natürlichen Umgebung und Kompensation für Umweltschäden noch nicht kannte – hat dieser Einstellung in folgenden Worten Ausdruck gegeben:

»Was aber die Befruchtung des Gartenlandes anlangt, so ist vor allem das Wasser wichtig, und gerade dies ist leicht zu verderben. Denn weder Erde noch Sonne, noch Luft, die Mithelfer des Wassers bei Ernährung dessen, was aus der Erde entsprosst, lassen sich leicht durch Gift oder Ableitung oder Diebstahl unbrauchbar oder schädlich machen, das Wasser dagegen lässt seiner Natur nach alles dies zu. Daher bedarf es eines schützenden Gesetzes, und dies laute denn folgendermaßen: Wenn einer vorsätzlich fremdes Wasser, gleichviel ob Quellwasser oder aufgesammeltes, vergiftet oder abgräbt oder stiehlt, so soll der Geschädigte seine Klage vor den Stadtaufsehern anbringen, wobei eine Erklärung über die Höhe des Schadens zu Protokoll zu geben ist; und wer nun einer derartigen Schädigung für schuldig befunden wird, der soll außer dem Schadenersatz auch die Quelle oder den Wasserbehälter reinigen genau nach der Vorschrift, welche die Ausleger in jedem einzelnen Fall für einen jeden hinsichtlich der Reinigung erteilen.«

Grundsatz 4

Basis für Politik, Raumplanung und Implementierung muss ein integrativer Ansatz sein

Der Flusslauf von der Quelle bis zur Mündung scheint das geeignete Feld für einen integrativen Land/Wasser/Ökosystem-Ansatz zu sein. Da jedoch die meisten Wissenschaftler und Manager nur Teilaspekte des Problems betrachten, stellt die Koordinierung und die Integration der auf der Welt vorherrschenden sektoralen Ansätze eine große Herausforderung dar.
Es ist Aufgabe der Geberorganisationen, einen übergreifenden Dialog zu fördern. Da die Wasserwirtschaft immer komplexer wird, steigen auch die Erwartungen an künftige Experten und Manager. Um den Dialog erfolgreich zu führen, muss eine für alle verständliche gemeinsame Sprache entwickelt werden. Daher sind Bildung und Sachkompetenz wichtiger denn je.
Um innovative Ansätze zu ermöglichen, müssen Berater und Mitarbeiter der Geberorganisationen umdenken lernen.
Auch die Verwaltung muss auf der Basis einer gesellschaftlichen Mobilisierung grundlegend reformiert werden. Die sich rasch ändernden Umstände erfordern Anpassungsfähigkeit, um stabile gesellschaftliche Verhältnisse herzustellen und um mit den zyklusbedingten Schwankungen in Flüssen, Grundwasserschichten und im Erdreich fertig zu werden. Um einen Interessenausgleich in einem Stromgebiet zu gewährleisten, müssen die Möglichkeiten zum Dialog und zur Konsensbildung sowie geeignete regulatorische Maßnahmen aufgezeigt werden.
Die Betroffenen müssen erkennen, dass es notwendig ist, überkommene Ansätze partikularer Interessen aufzugeben und die Belange anderer Anrainer zu wertschätzen. Auch die Industrie als größter Wasserverbraucher und Umweltverschmutzer und die Landwirtschaft müssen ihren Beitrag leisten.

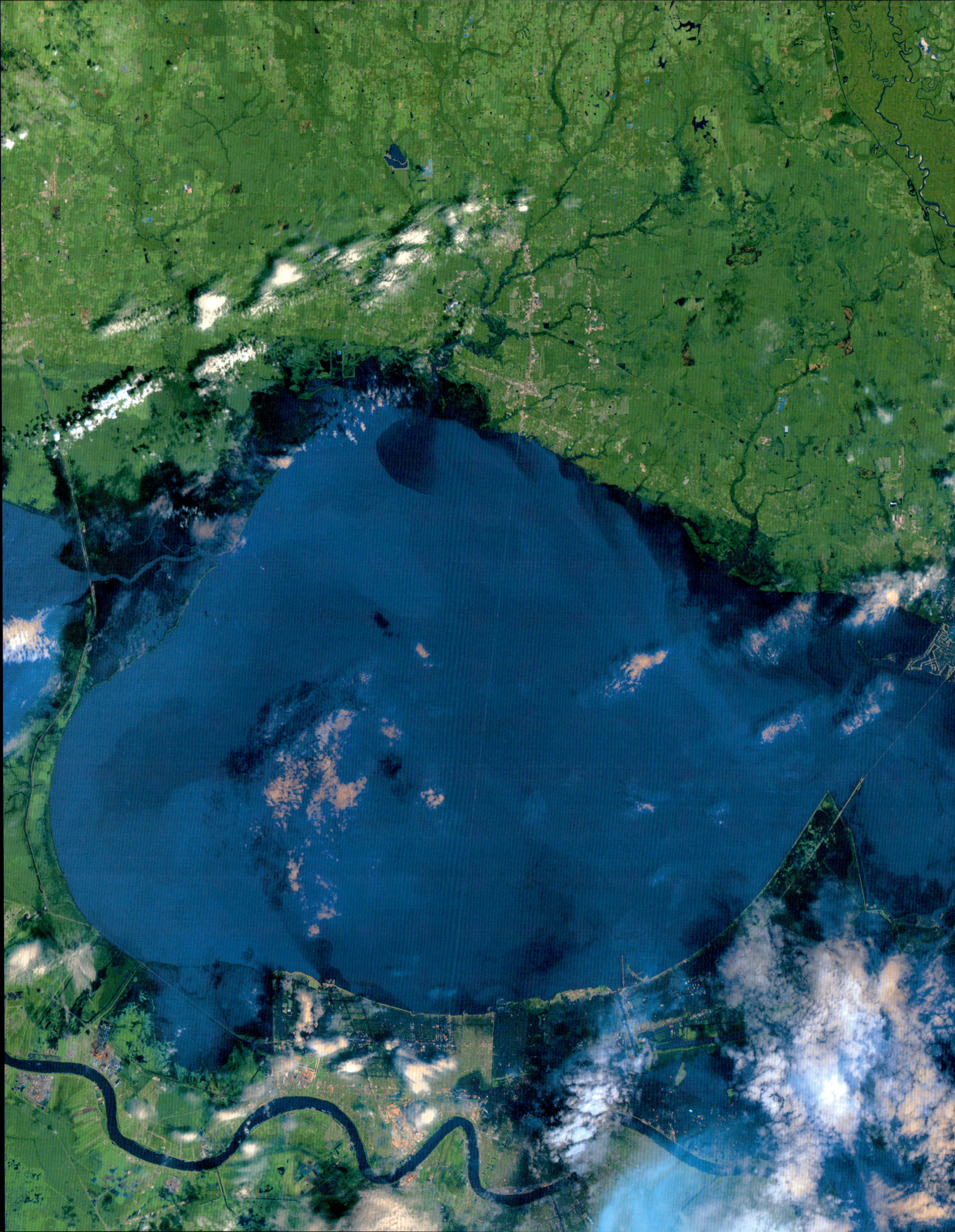

ATAAWHAI
PACIFIC

MONACO

KEREON

268

F·9000
H·2700

KA
3148

1526

1200
1023
AI 319

290

Bildübersicht

S. **4–5** Fischfarm im Zentrum der Lagune der Insel Luzon, Philippinen

Wasser im Naturzustand

S. **6–7** Tausende rosa Flamingos auf dem Bogoria-See, Kenia

S. **15** Dichter Regenwald und zwei kleine Kraterseen auf der Insel Fajou, Guadeloupe, Karibik

S. **16–17** Der Perito-Moreno-Gletscher bildet eine fünf Kilometer breite und 60 Meter hohe Eismauer. Santa Cruz, Argentinien

S. **18–19** Der Mount Everest, höchster Gipfel der Erde, im Himalaja-Massiv an der Grenze zwischen Nepal und Tibet

S. **20–21** Felsige Wüstenlandschaft auf der Sinai-Halbinsel, Ägypten

S. **22–23** Der Colorado River mit seinen in den Sandstein gegrabenen Windungen in den Canyonlands. Utah, USA

S. **24–25** Regenwald in der Nähe von Belaga, Sarawak, Malaysia

S. **26–27** Die Halbinsel Kap York ist von vielen Wasseradern durchzogen, die im Golf von Carpentaria ins Meer münden. Australien

S. **28–29** Der Selous-Nationalpark, in dem sich eine Vielzahl von Ökosystemen angesiedelt hat. Tansania, Afrika

S. **30–31** Regenwald in der Nähe von Cairns, dem touristischen Zentrum von Queensland, Australien

S. **32–33** Der Kakadu-Nationalpark hat eine reichhaltige Tier- und Pflanzenwelt und ist Jagdrevier der Aborigines. Northern Territory, Australien

S. **34–35** Das große Korallenriff Hardy Reef ist der größte maritime Nationalpark der Welt. Australien

S. **36–37** Die von Korallenriffen umgebenen Semporna Islands. Sabah, Malaysia

S. **38–39** Der Teleki-Vulkan, benannt nach Sámuel Graf Teleki, der 1888 den benachbarten Turkana-See entdeckte. Kenia

S. **40–41** Ein durch den Sprühnebel der weltberühmten Niagarafälle entstandener Regenbogen. Kanada

S. **42–43** Die schlammigen Ufer des flachen und salzigen Natron-Sees. Tansania

S. **44–45** Eisschollen im polaren Packeis. Terra Adelia, Antarktis

S. **46–47** Ein Schwarm Hector-Delfine. Kaikoura, Neuseeland

S. **48–49** Ein Elefant bahnt sich einen Weg durch den Sumpf. Kenia

S. **50–51** Tiere auf der Suche nach einer Wasserstelle. Selous-Nationalpark, Tansania

Mit dem Wasser leben, ohne es zu beherrschen

S. **52–53** Pfahlbauten und Fischerboote auf den Semporna Islands, Sabah, Malaysia

S. **59** Fischer auf einem traditionellen Boot in der Lagune vor der Insel Luzon, Philippinen

S. **60–61** Die Chausey-Inseln im Ärmelkanal sind kleine Sandinseln mit Granitfelsen. Normandie, Frankreich

S. **62–63** Die Lagune von Venedig mit der Mündung der Flüsse Brenta und Piave. Italien

S. **64–65** Der Golf von Arcachon ist berühmt für seine Austernzucht. Atlantikküste, Frankreich

S. **66–67** Korallenbänke rund um Great Bird Island, Antigua, Karibik

S. **68–69** Die Tobago Cays, eine unbewohnte Inselgruppe im Grenadine-Archipel, Karibik

S. **70–71** Ankerndes Boot vor dem Coral Reef, Malediven

S. **72–73** Entlang der Küste segelndes Fischerboot bei Sonnenuntergang. Bali, Indonesien

S. **74** Badefreuden an einem Pazifikstrand. USA

S. **75** Das stark verästelte und sumpfige Flussdelta des Rufiji, Tansania, Afrika

S. **76–77** Kleine Inseln und Strände im Sumpfgebiet des Dalyan-Flusses, Türkei

S. **78–79** Fischfang im Seengebiet nahe der antiken Stadt Kunming in etwa 2000 Metern Höhe. China

S. **80–81** Fischzuchtstation auf Java, Indonesien

S. **82–83** Fischerei mit Spezialnetzen an den Bitter Lakes, Suezkanal, Ägypten

S. **84–85** Eine traditionelle Feluke mit zwei Masten und dreieckigem Lateinerrsegel, wie man sie noch heute auf dem Nil sieht. Ägypten

S. **86–87** Fischer tragen ihren Tagesfang in Körben an den Strand. Malaysia

S. **88–89** Boote vor dem Palmenstrand einer der Semporna Islands, Sabah, Malaysia

S. **90–91** Fischer auf einem typischen Kanu bei der Arbeit. Malaysia

S. **92–93** Fischer bei einer Ruhepause auf dem Bootssteg. Sumatra, Indonesien

S. **94–95** Fischer auf ihrem Kahn beim Einholen der Netze. Java, Indonesien

S. **96–97** Männer und Frauen beim Wäschewaschen und -trocknen am Fluss. Mauritius

S. **98–99** Auf Pfählen errichtetes kleines Fischerdorf. Sandakan, Sabah, Malaysia

S. **100–101** Kleine Motorlastkähne ankern im Hafen von Singapur

Wasser, Leben und Arbeit

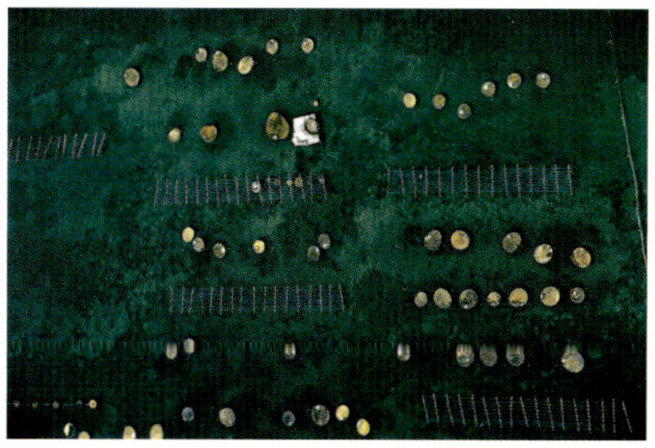

S. **102–103** Miesmuschelzucht nahe der Insel Sant´Antioco, Sardinien, Italien

S. **109** Baumstämme werden mit einem Spezialschiff über das Meer transportiert. Sandakan, Sabah, Malaysia

S. **110–111** Fischzucht und Verbindungskanäle in der Manila Bay, Luzon, Philippinen

S. **112–113** Hundert Inselchen, die durch Fischfarmen miteinander verbunden sind. Luzon, Philippinen

S. **114–115** Vorrichtungen für die Zucht der typischen galizischen Miesmuscheln (Mejillones). Ria de Arousa, Pontevedra, Spanien

S. **116–117** Vorrichtungen für die Zucht der typischen galizischen Miesmuscheln (Mejillones). Ria de Arousa, Pontevedra, Spanien

S. **118–119** Spektakuläre Netze der Fischfarmen am Santa-Isabel-See, Luzon, Philippinen

S. **120–121** Salinen im Nildelta; das Salz wird durch Verdunstung gewonnen. Ägypten

S. **122–123** Reisfelder mit Begrenzungshecken auf Bali, Indonesien

S. **124–125** In der Region weit verbreitete Terrassenwirtschaft, durch die das hügelige Gelände für die Landwirtschaft nutzbar wird. Nepal

S. **126–127** Afrikanisches Stammesdorf mit den traditionellen »manattas«, Rundhütten aus Holz und Schlamm. Kenia

S. **128–129** Fischerdorf am schwarzen Strand von Kusamba, Bali, Indonesien

S. **130–131** Üppige Vegetation, durchzogen von einem großen schiffbaren Fluss. Sabah, Malaysia

S. **132–133** Mangrovenwald auf der Halbinsel Bako, dem ältesten Nationalpark Sarawaks, Malaysia

S. **134–135** Unmittelbar ans Meer gebautes Dorf. Tangjungpriok, Seribu-Inseln, Java, Indonesien

S. **136–137** Vertäute Flöße in Malabon, einem Stadtviertel von Manila, Luzon, Philippinen

S. **138–139** Holztransportschiffe im alten Hafen von Jakarta, Java, Indonesien

S. **140–141** Mächtige Baumstämme, die zum Transport miteinander verbunden sind. Sabah, Malaysia

S. **142–143** Vom Fang zurückgekehrte Fischer am Strand. Bali, Indonesien

S. **144–145** Schwimmende Fischfarmen im Meer vor Kota Baharu, Kuala Lumpur, Malaysia

S. **146–147** Kinder überqueren mit ihren Fahrrädern einen Fluss auf einer Holzbrücke. Malaysia

S. **148–149** Fahrzeuge und Fußgänger überqueren den Pasig-Potrero-Fluss, Luzon, Philippinen

Nutzbar gemachtes Wasser

S. **150–151** Der Kiz kulesi (Leanderturm), historisches Bauwerk mitten im Bosporus, Istanbul, Türkei

S. **159** Beladener Öltanker vor New York, USA

S. **160–161** Panoramafoto eines Flussdeltas, auf dem die verschiedenen Landschaftsformen gut erkennbar sind. Sardinien, Italien

S. **162–163** Eine breite Flussschleife des Po mit einigen Seitenarmen. Lombardei, Italien

S. **164–165** Wassergräben, in denen Aale und andere Fischarten gezüchtet werden. Lagune von Venedig, Italien

S. **166** Terrassenförmige Reisfelder, die vom Wasserüberfluss durch Monsunregen profitieren. Bali, Indonesien

S. **167** Akkurat angelegte Reisfelder in Vercelli und ein traditioneller Bauernhof. Piemont, Italien

S. **168–169** Gräben für die Fischzucht im weitläufigen, schlammigen Po-Delta, Venetien, Italien

S. **170–171** Traditionelle Salinen auf Lanzarote; hier machen zahlreiche seltene Zugvögel Station. Kanarische Inseln

S. **172–173** Die Salinen in der Camargue gehören zu den ältesten im Mittelmeerraum und befinden sich in noch weitgehend unangetasteter Natur. Frankreich

S. **174–175** Kaligrube in Utah; die Förderung geschieht nach der gleichen Methode wie in Salinen. USA

S. **176–177** Die Insel San Michele, der alte Friedhof von Venedig, und im Hintergrund die Insel Murano. Lagune von Venedig, Italien

S. **178–179** Burano, zwischen Kanälen und Sandbänken, mit seinem Wahrzeichen, dem schiefen Turm der Kirche San Martino. Lagune von Venedig, Italien

S. **180–181** Peniscola, Felseninsel mit dem Kastell des Gegenpapstes Benedikt XIII. Castellon, Spanien

S. **182–183** Das alte Kloster auf der Insel Mont-Saint-Michel, Normandie, Frankreich

S. **184–185** Außergewöhnlicher Touristensteg am Strand von Martinique, Französische Antillen

S. **186–187** Verbindungsstege zwischen den Hotelanlagen auf Veligandu Hura, Malediven

S. **188–189** Die elf Kilometer lange Seven Miles Bridge, die Florida mit den vorgelagerten Inseln Florida Keys verbindet. USA

S. **190** Eine Brücke, auf der Autos ein sumpfiges und schlammiges Gebiet überqueren können. Philippinen

S. **191** Die Vasco-da-Gama-Brücke über den Tejo wurde 1998 anlässlich der Weltausstellung EXPO eingeweiht. Lissabon, Portugal

S. **192–193** Die Bereguardo-Brücke über den Ticino im Regionalpark Ticino, Lombardei, Italien

S. **194** Der alte Leuchtturm von Cordouan an der Mündung der Gironde erhebt sich eindrucksvoll auf einer Landzunge, die nur bei Ebbe aus dem Meer auftaucht. Frankreich

S. **195** Der Leuchtturm von Faraman und der Schutzwall, der die Küste vor der Gewalt des Meeres sichern soll. Camargue, Frankreich

S. **196–197** Der Faro de Toston, ein alter Leuchtturm auf Fuerteventura, der vor der felsigen Küste warnt. Kanarische Inseln

S. **198–199** Leuchtturm auf der kleinen Insel Marken, in der Nähe des gleichnamigen Ortes. Holland

S. **200–201** Leuchtturm auf einer kleinen Insel im Salvora-Archipel, Ria de Arousa, Galizien, Spanien

S. **202–203** Hafen und antike Festung von La Coruña, Galizien, Spanien

S. **204–205** Der Rocco Tower, Vorposten vor den Kanalinseln, Jersey, England

S. **206–207** Der 1869 offiziell eingeweihte Suezkanal verbindet das Mittelmeer mit dem Roten Meer. Ägypten

S. **208–209** Der zwischen 1881 und 1893 erbaute Kanal von Korinth verbindet den Golf von Korinth mit dem Ägäischen Meer. Griechenland

S. **210–211** Ein Eisbrecher bei der Fahrt durch einen zugefrorenen See. Alaska

Wasser – Ressource und Risiko

S. **212–213** Ein Öltanker entsorgt Abwasser ins Meer. Luzon, Philippinen

S. **221** Schiffswrack auf einem Korallenriff – ein schwerwiegender Eingriff in das Ökosystem. Polynesien

S. **222–223** Vegetation im Wüstengebiet des Selous-Nationalparks, Tansania

S. **224–225** Vom Po-Hochwasser überflutete Birkenwälder. Piemont, Italien

S. **226–227** Vom Po-Hochwasser umfluteter einsamer Bauernhof, nahe Pavia, Lombardei, Italien

S. **228–229** Nach der Überschwemmung von San Fernando, Luzon, Philippinen

S. **230–231** Magma und Wassermassen haben sich in die Stadt Bacolor ergossen. Pampanga, Luzon, Philippinen

S. **232** Die verheerenden Zerstörungen durch den Hurrikan Katrina am 30. August 2005. New Orleans, USA

S. **233** Diese Aufnahme vom 31. August 2005 zeigt die überschwemmte Stadt New Orleans nach dem Wirbelsturm Katrina. Louisiana, USA

S. **234** Satellitenaufnahme der vom Hurrikan Katrina verwüsteten Gebiete. New Orleans, USA

S. **235** Nach dem Tsunami; Aufnahme vom 2. Januar 2005. Banda Aceh, Indonesien

S. **236–237** Überreste eines ins Meer gestürzten Drogenkurierflugzeugs. Exuma Cays, Bahamas

S. **238–239** Lastkahn für Sandtransporte auf dem Po, Emilia Romagna, Italien

S. **240–241** Fischkutter und mehrere Lastkähne am Strand von Seragan Island, Bali, Indonesien

S. **242–243** Ausrangierte US-Marineschiffe in der Bucht von San Francisco, Kalifornien

S. **244–245** Amerikanisches Atom-U-Boot während der Auftauchphase. Vor der Küste von Baltimore, USA

S. **246–247** Plattform zur Erdölförderung aus dem Meer

S. **248–249** Ölplattformen im Meer vor Singapur; die petrochemische Industrie ist ein bedeutender Motor für das Wirtschaftswachstum der Region

S. **250–251** Einsatzübung auf einem Feuerschutzschiff mit Hubschrauberlandeplatz. Brunei

S. **252–253** Panoramablick auf Venedig, mit dem Giudecca-Kanal und der Punta della Dogana. Italien

S. **254–255** Die von Wasser umgebene Stadt New York, USA

S. **256–257** Eine kleine Insel der Florida Keys im Süden Floridas, USA

S. **258–259** Die Havel bei Potsdam, wo im 18. Jahrhundert der preußische König residierte. Deutschland

S. **260–261** Amsterdam, errichtet auf 90 Inseln und durchzogen von zahlreichen Kanälen, wird auch »Venedig des Nordens« genannt. Niederlande

S. **262–263** Hamburg: Hier mündet die Alster in die Elbe, die später in die Nordsee fließt. Deutschland

S. **264–265** Die Niagarafälle, die eine natürliche Grenze zwischen den USA und der kanadischen Provinz Ontario bilden

S. **266–267** Leuchtfeuerschiff nahe der Île de Sein, Knotenpunkt am Eingang des Ärmelkanals, Bretagne, Frankreich

S. **268–269** Zwei Sportboote an der balinesischen Küste, Indonesien

S. **270–271** Eine Sportregatta, beliebter Wettkampf auf den Seen und entlang der Küsten Italiens

S. **272–273** Das Surfen, ursprünglich in Polynesien beheimatet, ist heute auf der ganzen Welt beliebt. Martinique

S. **274** Die kleine Insel Gangehi ist heute ein Zentrum des Luxustourismus. Gangehi, Malediven

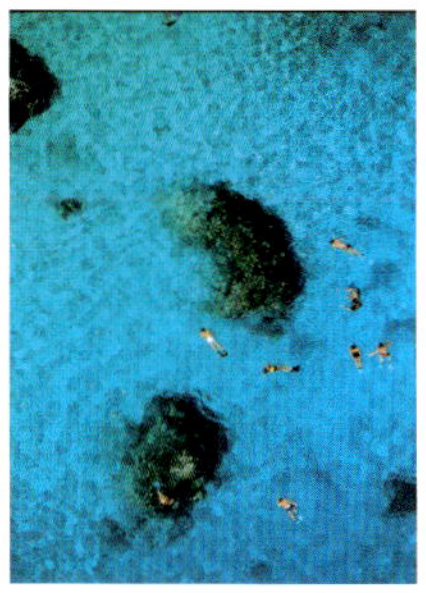

S. **275** Schnorcheln vor den British Virgin Islands, Karibik

S. **276–277** Segelboot vor Anker in einer ruhigen Bucht, Virgin Gorda Island, Karibik

S. **278–279** Schwimmbad in Puerto de la Cruz, Ziel des internationalen Luxustourismus. Teneriffa, Kanarische Inseln

S. **280–281** Die Kalksinterbecken, die sich aus den warmen kalkhaltigen Thermalquellen gebildet haben, waren schon bei den alten Griechen bekannt. Pamukkale, Türkei

S. **282–283** Hafen von Santa Monica im Stadtgebiet von Los Angeles, USA

S. **284** Port Grimaud ist ein beliebtes Feriendorf aus kleinen Inseln in einem Hafenbecken, das von Kanälen durchzogen ist. Côte d´Azur, Frankreich

S. **285** Der Everglades-Nationalpark, ein empfindliches Ökosystem im Sumpfgebiet an der Südspitze Floridas, USA

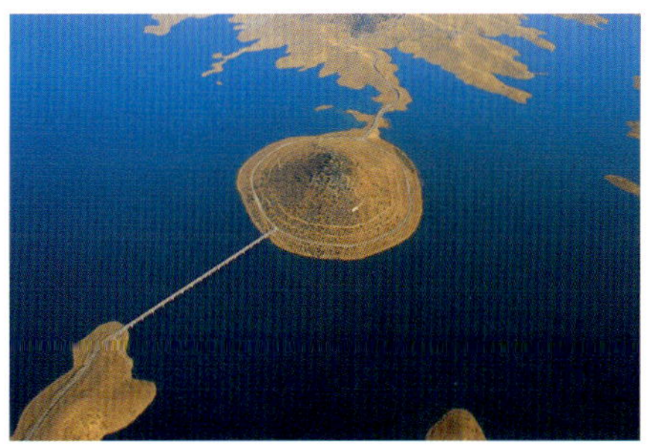

S. **286–287** Der Stausee Garcia de Sola wurde als Trinkwasserreservoir angelegt. Extremadura, Spanien

S. **288–289** Windräder sind eine weit verbreitete umweltfreundliche Energiequelle. Dänemark

S. **290–291** Der gewaltige Hoover-Staudamm mit dem Mead-Stausee, der für die Bewässerung der Region von großer Bedeutung ist. Nevada, USA

S. **292–293** Der Lake Powell, ein riesiger Stausee, entstand 1964 in einer Wüstengegend. Arizona, USA

S. **294–295** Ein Ausläufer des Comer Sees wird von der Sonne beschienen. Lombardei, Italien

Ortsregister

Literaturempfehlungen

Philip Ball: *H2O – Biographie des Wassers*, München 2002

Peter Barth: *Krieg um Wasser? Wasserkonflikte im Nahen und Mittleren Osten*, Starnberg 1994

Maude Barlow und Tony Clarke: *Blaues Gold. Das globale Geschäft mit dem Wasser*, München 2004

Riccardo Petrella: *Wasser für alle. Ein globales Manifest*, Zürich 2000

Vandana Shiva: *Der Kampf um das blaue Gold. Ursachen und Folgen der Wasserverknappung*, Zürich 2003

Lisa Stadler, Uwe Hoering: *Das Wasser-Monopoly. Von einem Allgemeingut und seiner Privatisierung*, Zürich 2003

Marc de Villiers: *Wasser. Die weltweite Krise um das blaue Gold*, München 2000

Fair Future – Begrenzte Ressourcen und Globale Gerechtigkeit, München 2005

Internetseiten

www.worldwatercouncil.org/

www.unesco.org/water/water_celebrations/

www.oieau.fr/

www.menschen-recht-wasser.de

Bildnachweis

Sämtliche Bilder in diesem Buch stammen von Guido Alberti Rossi. Außer:

Philippe Bourseiller/Altitude S. 210–211
Digital Globe 235
Rio Helmi/Altitude S. 250–251
Helen Hiscock/Altitude S. 46–47
Luftbildverlag H. Bertram GmbH S. 258–259
NASA/USGS/CEROS S. 234
NOAA S. 232, 233

Das Zitat auf Seite 150 wurde folgender Publikation entnommen:
Filippo Tommaso Marinetti, *Manifest des Futurismus*,
aus: Christa Baumgarth, *Geschichte des Futurismus* ·

Bibliografische Information Der Deutschen Bibliothek
Die Deutsche Bibliothek verzeichnet diese Publikation
in der Deutschen Nationalbibliografie; detaillierte
Daten sind im Internet über *http://dnd.ddb.de* abrufbar.

Konzeption: Andrea Grandese
Layout: Andrea De Porti
Text: Gabriele Zanetto in Zusammenarbeit mit
Alessandro Calzavara und Roberta Rocco
Lithographie: Fotolito Raf, Florenz
Druck: Lito Terrazzi, Florenz

Deutsche Ausgabe

Satz: Fotosatz Ressemann, Hochstadt
Printed in Italy

www.gerstenberg-verlag.de

ISBN: 978-3-8067-2947-4